Helmut Krausser

Das Liebesleben des Giacomo Müller

Erzählungen

Rowohlt

«Spielgeld» erschien in einer gekürzten und absprachlos
mutierten Fassung im Januarheft 1990 von *Transatlantik*

«Iason» erscheint in einer stark komprimierten Fassung
und ist dem Bernhard gewidmet

Veröffentlicht im
Rowohlt Taschenbuch Verlag GmbH,
Reinbek bei Hamburg, Januar 1996
Die Erzählungen der vorliegenden
Ausgabe wurden dem Band
«Spielgeld» entnommen
Copyright © 1990 by
Peter Kirchheim Verlag, München
Umschlaggestaltung
Walter Hellmann/Beate Becker
(Illustration: Gaby Bonn)
Satz Sabon (Linotronic 500)
Gesamtherstellung Clausen & Bosse, Leck
Printed in Germany
200-ISBN 3 499 22026 1

Dank an
Beatrice, Franz, Bernhard, Petra, Thomas,
Max, El Conde, Peter, Komo, Hermann, René
(†), Michael, Lorenz, Susanne, Christiane,
Michaela (†), Norbert (†), Josef, Werner,
Dieter, Jörg (†), Martina, Ingrid, Barbara,
Wolfgang, Karl-Heinz und alle Vergessenen für
ihre vielfältige Art der Hilfe.

Entweder die Tapete verschwindet, oder ich!
(Oscar Wildes letzte Worte)

Neues vom Norbert

I

Im Januar braucht man mich meist nicht lang zu suchen. Wer was will von mir, findet mich auf meinem Bett, wo ich Radio höre, Fernsehn schaue, Spaghetti fresse. Zweimal pro Tag mach ich einen Spaziergang vom Bett zum Mülleimer. Das war's aber auch schon. Die Kälte lähmt mich, macht mir Angst. In mich gekrümmt, starr ich zwischen den Zehen durch und trinke italienischen Spätburgunder.

Sie glauben vielleicht, ich schweife bereits ab, wie ich das so oft tue? Keineswegs. Diese Geschichte handelt zwar von Norbert, doch würde Norbert selbst nur für ein paar Seiten genügen.

Zuvor ein wenig vom Januar 1988, der kein Januar war. Mehr eine Art Oktober. Die Temperaturen stiegen oft auf über 16° Celsius. Es war geschenkte Zeit. Man war es nicht gewohnt, daß ein Winter ausfiel, und man hatte keine Ahnung, daß auch die nächsten beiden Winter ausfallen sollten. Man feierte ein Wunder. Nur ein paar Skifahrer quengelten, aber, wie Bernhard immer ganz richtig sagt: Tod allen Monotheisten und Skifahrern! Genau.

Die Sterblichkeitsziffer der Rentner sank um zwanzig Prozent, und viele Passanten trugen freundliche Gesichter, nur weil die Wolken über den Azoren, wo unser Wetter herkommt, verrückt spielten. Ich würde natürlich nie vom Wetter reden, wenn es in dieser Geschichte nicht eine gewisse Rolle spielte, versteht sich.

Mit Bernhard, meinem alten Freund, saß ich auf einer Holzbank über der endlos leeren Theresienwiese. Wir tranken Paulaner. In einem eisigen Januar hätten wir vielleicht Spaten oder Tucher bevorzugt. Egal.

Wir begutachteten die vorbeikommenden Menschen, vor allem die Alten unter ihnen, die von der Sonne magisch angezogen wurden. Das Runzelfleisch schob sich glücklich umher. Wir prosteten jedem Vorüberhumpelnden zu. Die meisten grüßten sogar zurück. Man muß erwähnen, daß Bernhard und ich tags zuvor den Film «Barfly» von Barbet Schroeder gesehen hatten, in dem haufenweise herrliche alte Männer vorkom-

men, voller Witz und Poesie. Dieser Film
rührte uns stark, er machte uns Lust aufs Alt-
werden, wir wurden reichlich albern, hatten
keine Furcht vor der Zeit und unterhielten
uns über wichtige Dinge mit kurzen Sätzen.
Das Bier tat ein übriges. Wir fühlten uns sehr
wohl. Man muß an dieser Stelle gleich dazu-
sagen, daß Norbert den Film nicht gesehen
hat. Er ging statt dessen in «Der letzte Kai-
ser» von Bertolucci. Solche Einzelheiten er-
klären oft viel.

Wir saßen also und tranken, bis die Sonne
hinter einem Kaufhaus verschwand. Dann
schlugen wir die Zeitung auf, studierten das
Kinoprogramm und sahen, daß es nicht ver-
lockend war. Und wir beschlossen, Astrid zu
besuchen.

Astrid spielt bei der Geschichte keine allzu
große Rolle. Bernhard schlief damals mit ihr,
mehr ist da kaum gewesen. Astrid wurde oft
besucht, weil ihre Wohnung Platz bot und
sehr interessant lag, nämlich schräg über
dem Hauptbahnhof. Die Fenster ihrer Küche
waren beschlagen und dreckig und von
blauem Licht gefüllt. Astrid liebte die Düster-
nis, war einem völlig verklemmten Ästheti-
zismus verfallen und spielte andauernd
Theater. Ein surrealistisches Stück französi-

scher Machart, verlogen und sechzig Jahre zu spät. Den Mund trug sie blutrot geschminkt, was fatal und gefährlich wirken sollte. Selbst Bier trank sie nur aus langstieligen Weingläsern. Die meisten ihrer Freundinnen gehörten zur militanten Lesbenszene.

Aber ihre Wohnung lag sehr schön, wirklich. Ihre Beziehung zu Bernhard war von gegenseitigem Belächeln geprägt und im Absterben begriffen. Sie waren zu verschieden geworden. Vorher hatten sie sich wenigstens noch auf Hölderlin einigen können, wenn auch aus verschiedenen Motiven. Nun aber probierte Bernhard ein neues Lebensgefühl, sehr irdisch, simpel, gradaus durch die Realität. Er hatte sein Vokabular um mindestens 20 000 Wörter reduziert und begeisterte sich an minimalistisch komponierten Sätzen wie: «Da waren Männer, die taten Dinge.» Dieser Satz stammte leider nicht von ihm, sondern vom großen Charles und war kaum noch zu variieren, geschweige denn zu übertreffen.

Trotzdem war Bernhard in diesem Januar ziemlich zufrieden und gutgelaunt, und sein einziger Ärger hieß Astrid. Er konnte sie nicht mehr ertragen und degradierte sie zu einem Nutzmöbel, zu seiner Spermahalde. Astrid tat genau dasselbe, aber sie verbrämte es mit Sätzen voll Myst und Schwulst. Krampfhaft vermied sie jede Belanglosigkeit. Es war grauenhaft. Die beiden ödeten sich an, und ein Schweigen entstand. Was in Astrids Küche nicht so schlimm wirkte, denn wir sahen alle hinunter, auf das Durcheinander der Schienen und Weichen und Lichter, auf Koffer und Kinder, Metall und Glas, Penner und Bahnpolizei. Wir hörten auf die lohnenden Ziele, die der Lautsprecher verkündete und auf die lauten Schreie einiger Fußballfans, die sich mit Fans einer anderen Mannschaft prügelten. Wir winkten die Züge vorbei und grüßten die Reisenden. Es ist ganz klar, daß auch sowas irgendwann langweilig wird.

Es schien so, als begänne Bernhard nur deshalb zu erzählen. Aus der Notwendigkeit der Situation heraus, die ein Gespräch forderte. Ich war den ganzen Nachmittag mit ihm zusammengesessen, ohne daß ihm auch nur eine Andeutung dieser Sache über die Lippen gekommen war.

Schon etwas betrunken, nahm er sein Glas in die Hand, nippte daran und sagte:

«Wißt ihr, was der Norbert heut macht? Ratet mal! Da kommt ihr nie drauf!»

«Na was denn?»

«Der bringt sich grade um.»

Wir spitzten die Ohren.

«Jaja», fuhr Bernhard fort, «der Norbert kommt doch glatt heute mittag zu mir und sagt, es sei ein guter Tag zum Sterben, er fährt jetzt in den Wald und leitet die Abgase ins Auto. Das soll angeblich 'ne sichere Sache sein. Stellt euch vor, er hat im Sexshop Handschellen gekauft. Damit will er sich ans Lenkrad fesseln. Und er will ganz tief in den Wald fahren, denn wenn er zu früh entdeckt und gerettet wird, bleiben schwere Hirnschäden ...»

Wir sagten nichts. Irgendwie bekam ich Lust zu lachen, doch man will ja nicht pietätlos wirken.

«Dabei hat er erst vor zwei Tagen eine Frau kennengelernt», erzählte Bernhard weiter, «wo er doch so lang allein war ...» Astrid unterbrach ihn. Ihr Gesicht war ein einziges betroffenes Staunen.

«Hast du denn nicht versucht, es ihm irgendwie auszureden?» Bernhard hob in einer Geste der Hilflosigkeit die Augenbrauen. «Was hätt' ich sagen sollen? Was Philosophisches? Nein, das kam so plötzlich ... Ich hab keine Erfahrung in solchen Konversationen. Ich hab ihm gesagt, der 16. Januar sei ein nettes Todesdatum ... alles andere schien mir zu kitschig.»

«DAS GIBT'S DOCH NICHT!» rief Astrid laut.

«Er hat gesagt, er hat das alles lang geplant, und er war überhaupt nicht aufgeregt ...»

Astrid regte sich um so mehr auf. Sie hatte Norbert nie gesehn, aber die Nachricht von seinem Selbstmord machte sie ganz fertig. Sie rannte von einer Wand zur anderen und fiel arg aus ihrer sonst eher morbid-gelangweilten Rolle. Ihre Vergangenheit war von wenig Toten überschattet, überhaupt recht behütet und undramatisch, da wurde ein sterbender Norbert schon zur Sensation.

Bernhard berichtete noch, daß Norbert ihm ein kleines schwarzes Buch gegeben habe, mit Gedichten drin. Ich horchte auf. Da ließ sich vielleicht etwas stehlen.

«Taugen die denn was, die Gedichte?»

«Die Rückseiten kann man noch verwenden ...»

«Schade.»

«IHR ZYNIKER, IHR VERFLUCHTEN ZYNIKER! Das meint ihr doch alles nicht ernst?» schrie Astrid.

Ich legte einen Arm um sie. Wir waren

recht familiär, wir drei, kannten uns lange, hatten alle schon miteinander geschlafen, in guten wie in schlechten Zeiten.

«Wahrscheinlich klappt's beim ersten Mal sowieso nicht», sagte ich. «Wahrscheinlich bekommt er Angst, oder er hat nicht genug Benzin getankt, oder die Handschellen sind aus Hongkong. Ich glaube, bei so einem Wetter kann man sich gar nicht zufriedenstellend umbringen. Bestimmt kommt er morgen wieder nach Hause und ruft diese Frau an ...»

Ich hatte Norbert nur ein- oder zweimal gesehn. Er war Bernhards Zimmernachbar. Sie wohnten in Untermiete in einem Haus am Nymphenburger Kanal. Norbert war ungewöhnlich blaß und sein Gesicht eben mäßig glatt und unspektakulär. Seine kurzgeschnittenen Haare waren so schwarz wie die Yamamoto-Hemden, die er trug. Mit Bernhard verband ihn die Liebe zur Wasserpfeife, womit ich nie was anfangen konnte. So lernte ich Norbert nie näher kennen. Bernhard ging mit ihm auch öfters ins Kino. Aber niemals hatte sich daraus die geringste Anekdote ergeben. Ich fühlte keine Verpflichtung, traurig zu sein. Ein schlechter Dichter weniger.

«Rufen wir doch mal an!» sprach Bernhard.

Wir riefen Norbert an. Zu jeder vollen Stunde. Norbert hob nicht ab. Langsam begriffen wir, daß es wahr sein könnte.

Um Mitternacht verabschiedete ich mich, denn der Abend verlief im Sand. Astrid warf Bernhard die Ohnmacht vor, etwas zu unternehmen, warf ihm seine Seelenruhe vor, mit der er sie befummelte, in solch einer tragischen Stunde. Sie vergaß dabei wohl völlig, daß Bernhard alle übersetzten Werke Mishimas gelesen hatte und eine Sammlung japanischer Sepukkuschwerter besaß.

Bernhard dagegen nörgelte dauernd, sie solle nicht soviel Zicken machen und endlich die Bluse ausziehen, der Tod sei was für die Toten. Die beiden verstanden einander so wenig wie Wal und Mensch.

Auf der Heimfahrt fiel mir ein, daß Norbert an Wiedergeburt glaubte. Das fand ich seltsam. Wozu brachte er sich dann um? Lust auf eine neue Hülle? Schließlich war er jung, gesund und hatte sogar schon Werbung für Rasierwasser gemacht.

Ich rief täglich an, um mich auf dem laufenden zu halten. Es gab nichts Neues. Norbert war noch nicht heimgekehrt. Es sah ganz so aus, als hätte er's hinter sich gebracht. Jede Unterhaltung drehte sich um Norbert. Niemand hatte ihm je soviel Aufmerksamkeit geschenkt.

Der Tod ist ein fülliges Thema. Die Horrorfilme, die in dieser Woche im Werkstattkino liefen, waren dagegen kaum der Rede wert. Trotzdem diskutierten wir auch über die, denn das Thema Norbert erzeugte mit der Zeit ein gewisses Unbehagen, was hauptsächlich damit zusammenhing, daß so gar kein Motiv zu erkennen war. Auf Grund dessen bezog Norbert eine rätselhafte, überlegene Position gegenüber uns Hinterbliebenen. Das paßte uns nicht. Wir waren alle tolle Typen und sehr weise und wußten, wie die Welt funktioniert. Wir versuchten uns abzulenken und gingen zum Stehausschank vom Hauptbahnhof, alte Männer suchen, die uns neue Geschichten erzählen. Meistens aber waren die Geschichten noch älter als die Männer. Nur einer war lustig, der trug dünnes weißes Haar, eine zerschlagene Nase und tief in die Höhlen geduckte, wäßrige Augen. Der wollte uns für einen Hunderter engagieren, daß wir ihn peitschen. Erst dachten wir, na ja, das ist schnell verdientes Geld, und gingen mit, bekamen aber doch Skrupel, als es ernst wurde. Es ist ja auch nicht sehr nett, alte Männer zu peitschen. Also nahmen wir nur das Geld und zogen ab, ohne Gewalt anzuwenden. Inzwischen waren wir übrigens so überzeugt, daß Norbert tot sei, daß Bernhard am nächsten Tag eine Vermißtenanzeige aufgab. Ich weiß nicht genau, warum er das für notwendig hielt. Vielleicht, um mit Hilfe der Bullen Gewißheit zu bekommen.

Jedenfalls war es eine gute Entscheidung, denn sie fügte der Sache eine groteske Seite hinzu. Am Morgen darauf rückten nämlich gleich vier der grünen Jungs an und sahen sich in Norberts Wohnung um. Sie nahmen das halbe Zimmer auseinander und sahen nach, ob er sich irgendwo zwischen den Möbeln versteckt hielt. Es klingt unglaublich, aber so war es. Sie fanden nicht mal einen Abschiedsbrief, was ich schade fand. Abschiedsbriefe sind meistens so hübsch pathetisch und melodiös. Ich hatte mir kurz zuvor eine ganze Anthologie von Abschiedsbriefen gekauft und mich damit sehr gut unterhalten.

17

Bernhard wurde sorgfältig und aufdringlich verhört, und er sagte alles, was er wußte. Dennoch erhielten die Polizisten bei ihrer Suche kaum einen Anhaltspunkt. Aber daß sie schließlich zu viert den winzigen Garten durchsuchten, gebückt zwischen den Sträuchern und dem Blumenbeet standen, traue ich mich fast nicht zu erzählen. Da geht mir gleich jede Glaubwürdigkeit flöten. Sei's drum. So war es eben. Die Polizisten zogen ab.

Bernhard hatte sich Norberts kleinen Schwarzweißfernseher angeeignet, da saßen wir mit einem komischen Gefühl davor, und nebenbei las ich Norberts Posthumes. Dreizeilige Gedichte, lose gereimt, die um Liebe und Frieden baten.

Lichtenberg hat behauptet, wenn jemand alle glücklichen Einfälle seines Lebens dicht zusammensammelte, würde ein gutes Werk draus werden. Jeder wäre zumindest einmal im Jahr ein Genie. Ehre sei Georg Christoph in der Tiefe seines Grabes, aber hier irrt er. Das kleine schwarze Buch war der Beweis dafür. Nichts daraus, kein einziger Satz, war des Stehlens würdig.

Während wir uns über diesen lächerlichen Nachlaß belustigten, rückten Norberts Eltern an. Die Mutter sah aus wie eine Mutter und nichts sonst, und sie heulte die ganze Zeit, rang die Hände und schüttelte den Kopf.

Der Vater dagegen, ein fetter Fünfziger, lief schnurstracks in Norberts Zimmer und machte Anstalten, die Möbel mitzunehmen. Auf unsere vorsichtige Frage, was das denn solle, kam heraus, daß er überhaupt nicht traurig war. Im Gegenteil, er brüllte vor Zorn.

«UMGEBRACHT? Daß ich nicht lache! Der bringt sich nicht um! Der ist abgehauen! Stravanzen gegangen!» Er fluchte furchtbar über seinen mißratenen Sohn und erzählte, Norberts Auto, das gehöre ihm, das habe der Filius noch nicht abbezahlt, die Sau.

«Der liegt irgendwo am Strand, der faule Hund!» Um sein Geld zu retten, wollte er nun Sohnemanns spärliches Mobiliar ausschlachten.

«Das Auto hab ich ihm gekauft, unter der Bedingung, daß er mir's in Raten zurückzahlt! Aber nein, seit Monaten hör ich nix von ihm. Und jetzt soll er sich umgebracht haben? Damit kann er vielleicht euch verscheißern, aber mich doch nicht!»

Er sah sich nach allen Richtungen um.

«Wo ist der Fernseher? Ich weiß, er hatte einen Fernseher!»

Bernhard wurde ganz schüchtern.

Glücklicherweise rettete Bernhards Vermieterin die Situation. Couragiert schritt sie ein und wies dem Fettsack die Tür. Der aber stand noch eine Weile zwischen Haus und Kanal und schrie, er werde sich sein Geld schon holen, er komme wieder, keine Frage. Seine Frau stand immer neben ihm und verbarg das Gesicht in ihren Händen. In die Trauer über den toten Sohn mischte sich wohl Scham über den äußerst lebendigen Mann.

Wir atmeten auf und setzten uns wieder vor den Fernseher. Die Theorien seines Vaters, so feistblöd sie schienen, veranlaßten uns trotzdem, über die Möglichkeit zu diskutieren, daß Norbert tatsächlich nur abgehauen war. Möglich ist vieles. Wenn er sich absetzen wollte, wozu dann dieses Täuschungsmanöver? Zu welchem Zweck? Das wäre ja eine Riesensauerei, dachten wir. Wir drehten und wendeten.

Nein, nein, der Norbert, da waren wir sicher, der lag bestimmt irgendwo faul rum. Aber nicht am Strand.

III

Zwei Wochen vergingen, ohne daß Norbert gefunden wurde. In dieser Zeit begannen viele Telefongespräche mit der Frage: «Neues vom Norbert?» und endeten mit der Aufforderung: «Ruf mich an, wenn du was erfährst!»

Damals machte Bernhard mit der Astrid Schluß, weigerte sich aber, ihr das persönlich zu sagen. Er ging nur einfach nicht mehr hin. Man kann das durchaus verstehen, denn eine gekränkte Astrid war gefährlich in ihren Affekten. Jedesmal, wenn sie glaubte, Bernhard würde kommen, klatschte sie sich übermäßig Schminke auf die Backen, damit die Tränen dramatischer verliefen. Wenn ich sie besuchte, heulte sie mir nicht nur die Ohren voll, sie beschimpfte mich auch, behauptete, ich wäre Bernhards Spitzel und Strohmann und würde ihm brühwarm alles erzählen, was sie über ihn sagte. Ich fand das sinnloses Geplappere, denn Bernhard interessierte sich überhaupt nicht mehr für irgendwas, was Astrid über irgendwen sagte. Astrid zerschlug derweil haufenweise Weingläser auf dem Küchentisch und führte sich auf wie ein vierzehnjähriges Mädchen, dessen erste

Liebe in eine weitentfernte Stadt zieht. Dabei war Bernhard ihr nur eine Art Statussymbol. Von Liebe keine Spur. Hätte Bernhard nur drei, vier Wochen gewartet, hätte wohl sie mit ihm gebrochen, und alles wäre sehr glimpflich verlaufen.

Ich stand so zwischen den beiden und mußte mir eine Menge gehässiger Dinge anhören. Das ging mir bald auf die Nerven, ich fuhr ins Allgäu auf ein Schachturnier und wurde eingeschneit. Mit einemmal holte der Winter alles nach. Meine Seele schlang sich einen dicken Schal um, wurde dumpf und blind und mein Spiel stümperhaft. Das Turnier ging total daneben.

Als ich zurückkehrte, hatte sich Bernhard in ein bürgerliches Mädchen verguckt, dessen ungewohnter Realitätssinn ihn völlig begeisterte. Die Bettgeschichten, die er erzählte, strotzten vor Fülle und Drastik. Er mußte beim Ficken jetzt nicht mehr soviel reden.

Astrid beschloß indessen, ihr Leben grundlegend zu ändern und die Stadt zu wechseln.

Über diesen tiefgreifenden Veränderungen wurde Norbert beinah vergessen. Dabei wurde die Sache immer seltsamer. Schließlich war er ja mit einem knallroten Kleinbus in den Wald gefahren. Der konnte doch nicht vier Wochen lang unentdeckt bleiben, voller Rauch mußte der sein, jeder konnte da gleich sehen, was los war. Ein Spaziergänger, ein spielendes Kind, ein Förster, irgendjemand mußte ihn gefunden haben. Da stimmte was nicht. Es gibt doch in diesem vollgeborenen Deutschland keinen Platz, wo ein knallroter Kleinbus (mit aufgedruckten Blümchen!) so lange subversiv rumstehen kann …

Langsam standen Norberts ehrliche Selbstmordabsichten in echtem Zweifel. Vielleicht wissen Väter doch mehr über ihre Söhne, als man gemeinhin denkt.

IV

Der Februar ging vorbei, und spätestens Anfang März wurden wir sehr sauer auf Norbert. Das mit seinem Hinscheiden glaubte ihm jetzt keiner mehr. Wenn schon nicht einen Abschiedsbrief, so hätte er ja wenigstens eine Ansichtskarte schicken können, mit schönen Grüßen.

Warum hatte er uns so bös verarscht? Wozu war das gut gewesen? Wozu dieser ganze Tingeltangel mit dem kleinen schwarzen Buch, das er wahrscheinlich in der Nacht vor seiner Flucht vollgekritzelt hatte?

Wäre er damals zurückgekommen, mit einem dumm-hämischen Spruch im Maul, wir hätten ihn verprügelt und ihn mitsamt seinem Kleinbus im Kanal versenkt. Wir ärgerten uns auch, ihn so ernst genommen zu haben, wo doch jeder Depp hätte bemerken müssen, daß da nicht alles koscher war.

Am 16. Januar war er losgezogen, aber am 15. hatte er noch die Miete für zwei Monate gezahlt. Wozu? Wenn er seine Vermieterin so gern hatte, wäre eine Monatsmiete ja auch genug gewesen. Unsere Vermutung ging dahin, daß er pünktlich am 15. März wieder auftauchen würde, braungebrannt und grinsend. Möglicherweise wollte er nur mal seine Eltern ärgern. Die Vermieterin tat uns übrigens leid. Andauernd riefen bei ihr Leute an, die scharf auf Norberts Zimmer waren. Seine Absicht, Platz zu machen, hatte sich schnell rumgesprochen, und die Obdachlosigkeit siegte über jede Pietät. Dauernd standen Typen ins Haus, bewaffnet mit Kontoauszügen, Empfehlungsschreiben, Stammbaum und psychiatrischem Gutachten. Jeden Tag riefen ein paar an und fragten, ob Norbert endlich gefunden wäre.

Nein. Vom Norbert nichts Neues. Sein Schwarzweißfernseher ging auch kaputt, und Bernhard stellte das Wrack zurück, wo es gestanden hatte. Er hatte genug damit zu tun, die Geheimnisse jenes bürgerlichen Mädchens auszuloten, die wohl allesamt zwischen ihrer Vulva und Gebärmutter lagen. Ich selbst beschloß, meinen ersten Roman zu schreiben, und Astrid beglückte uns mit der Nachricht, daß die Filmhochschule in Wien sie akzeptiert hätte. Kurzum, wir waren beschäftigt, und als niemand mehr daran gedacht hatte, kam Neues vom Norbert, pünktlich am 15. März.

Ich trat mit meiner Band damals in einem Kaff namens Esterhofen auf, und die Veranstalter waren die linkesten Säue, die ich je erlebt habe, und gerade als wir ihre Anlage zerdeppern wollten, kam Bernhard herein und erzählte, die Polizei habe bei der Vermieterin angerufen und das Zimmer freigegeben. Norbert war gefunden worden, in einem Wald nahe Nürnberg. Er muß ziemlich schlimm ausgesehen haben. Der Langläufer, der ihn entdeckt hat, wurde mit einem schweren Schock ins Krankenhaus eingeliefert.

In diesem Moment begann auf der Bühne

eine atemberaubend schlechte Combo zu spielen, und verschiedene Dinge flatterten mir durch den Kopf, beispielsweise, daß es in Deutschland also tatsächlich noch Orte gibt, wo zwei Monate keiner vorüberkommt. Das fand ich bemerkenswert. Die Akkorde der offen gestimmten Gitarre dröhnten planlos durch den Saal. Bernhard und ich gingen auf den Flur, und das erste, war wir gemeinsam feststellten, war: Norberts Vater, der Fettsack, der konnte sein Auto vergessen. Den Gestank, sagten wir, den bringt er niemals wieder raus. Das freute uns.

(1988)

Spielgeld

Berlin, Hotel Interconti, Schachturnier, dritter Tag, dritte Runde, August, Spätnachmittag.

Im größten Saal des glitzernden Bonzentempels ticken 300 Uhren. Sechshundert Schachspieler sitzen über die Bretter gebeugt. Sehr prominente. Weniger prominente. Fußvolk, Amateure, Sonntagskrieger. Es fasziniert mich jedesmal neu, wie so viele Menschen so leise sein können. Ein stilles Gemetzel. Ein langsames, lautloses Erwürgen. Wer verloren hat, schleicht ohne Murren hinaus.

Plötzlich, an Brett 252 – weit hinten also, beim Fußvolk, muß der Schiedsrichter einschreiten. Einer der Kontrahenten weigert sich beharrlich, die Partie auf dem dafür vorgesehenen Formular mitzuschreiben. Das ist Pflicht. Der weißhaarige Stoppelbart mit Jesuslatschen nimmt davon keine Notiz. Nach dreimaliger Aufforderung hält der Schiedsrichter die Schachuhr an und erklärt den Gegner des zirka Fünfzigjährigen zum Sieger. Der Sieger ist peinlich berührt. So will er nicht gewinnen, vor allem, da er doch sowieso schon sehr gut steht. Aber die Regeln sind klar. Der Schiedsrichter wendet sich ab. Stille. Stille.

Dann dreht ein Mann durch.

«BANDITEN!» gellt es durch den Saal, und noch mal: «BANDITEN!» Alle horchen auf. Es ist der Stoppelbart, der schreit. Erst zögernd, dann immer sicherer und lauter. Er steigt auf den Tisch und brüllt es hinaus: «VERBRECHER! CIA! BETRÜGER!» Man sammelt sich um ihn. Man fragt einander, was los ist. Manche fordern Ruhe. Er schreit und schreit. Drei Schiedsrichter zerren ihn vor die Saaltür. Dort brüllt er weiter. Ein großer Pulk sammelt sich um ihn. Der Mann macht eine kurze Pause. Ihm scheint nach Heulen zumute. Dann bemerkt er, wie gierig der Pulk auf das nächste Schimpfwort wartet. Er grinst flüchtig und brüllt: «GESTAPO! GESTAPO! HEIL HITLER!»

Im Saal wird nur noch wenig gedacht. Fast alle haben beschlossen, einen Teil ihrer Bedenkzeit diesem Schauspiel zu opfern. Nur die Profis bleiben sitzen. Und der Mann, der in Gestik und Mimik immer wilder, entschlossener wirkt, holt aus seinen Stimmbändern das Äußerste raus. Jetzt traut sich keiner mehr an ihn ran. Die Hotelpagen und ihr Manager glotzen ungläubig. Die Vorhalle ist mit Ledersesseln, Glastischen, großflächiger Malerei und zierlichen Tischlampen gefüllt. Der Mann reißt ein Bild von der Wand. Danach schmeißt er die Tischlampen auf den Boden. Trampelt auf ihnen rum, bis die Glühbirnen zersplittern. Vor jeder Aktion grinst er kurz in die Menge. Viele entrüsten sich. Manche grinsen amüsiert zurück.

«GULAG! GULAG!»

Ich verstehe den Mann. Ich finde ihn sehr mutig. Man hat ihn vom Spiel ausgeschlossen.

«NIEMAND KANN MICH ZWINGEN ZU SCHREIBEN!» brüllt er, «NIEMAND!» Und dann nimmt er Anlauf, springt in die Höhe und läßt sich in einen der Glastische fallen. Das Glas birst unter entsetztem Zuschauergeschrei. Der Pulk stöhnt auf. Der Mann blutet aus mehreren kleinen Wunden, aber er grinst; zugleich stehen ihm Tränen in den Augen. Der Hotelmanager hat nach der Funkstreife geschickt

... Starke Arme schleppen ihn jetzt weg. Er versucht, Widerstand zu leisten. Seine Sandalen rutschen hilflos über das Parkett. Der Pulk löst sich auf. Man geht an sein Brett zurück. Man muß verlorene Bedenkzeit aufholen.

Wieder herrscht Totenstille. Nur das Ticken der 300 Uhren ...

* * *

Während der Taxifahrt, die mich vom Flughafen ins Zentrum brachte, zu meiner billigen Pension in der Pariser Straße, zeigte ich Berlin das Victoryzeichen mit der rechten und den Mittelfinger mit der linken Hand. Ich kam als Sieger in diese Stadt zurück, in dieses miese Dreckstück, dessen Rinnsteine damals nicht sehr nett zu mir gewesen waren. Ah – das ist eine andere Geschichte ... In Berlin findet, einmal jährlich im August, das größte Schach-Open Europas statt. Fast hundert Großmeister streunen da rum. An die fetten Geldpreise war für einen wie mich kaum zu denken. Mein Ziel war, den Einstieg in die Weltrangliste zu schaffen, die allerdings – anders als beim Tennis – ein paar tausend Namen umfaßt. Es ist das Turnier, an dem ich jedes Jahr teilnehme. Es bietet die beste Möglichkeit, besseren Spielern, als ich es bin, eins reinzuwürgen.

Im Taxi dachte ich auch an den letzten August. Ich hatte mir von vielen Freunden kleine Beträge leihen müssen, denn einen großen Betrag wollte keiner mehr mit mir riskieren. Es war sogar ein Vorschuß auf eine Lesung im November dabei. Damals Mitfahrzentrale statt Flugzeug, U-Bahn statt Taxi, Essen aus dem Supermarkt, Bierdosen für 42 Pfennig das Stück. Nun aber schien es mir mal wieder vergönnt, das Existenzminimum von oben zu betrachten. Ich hatte Geld. Ich fühlte mich ungeheuer reich. Der erste Spaziergang führte mich am Café Kranzler vorbei. 1981 haben wir da Pflastersteine hinaufgeworfen. Jetzt, so überlegte ich, könnte ich eigentlich hinaufgehn und die Passanten mit Kaffeetassen beschmeißen.

Ich schrieb seit zehn Jahren. Erst Gedichte, dann Erzählungen. Und 21 Theaterstücke, die alle Scheiße waren. Dann schrieb ich einen Roman. Für den bekam ich mühelos einen Vertrag. Aus lauter Begeisterung setzte ich mich hin und schrieb in vier Wochen den zweiten Roman. Auch den nahmen sie unter Vertrag. Alle Depressionen zermörsert. Und schließlich rief im Mai Thomas Strittmatter an. Ich würde das Münchner Literaturstipendium bekommen. Mir fiel der Hörer aus der Hand. Zwölftausend Eier. Als ich den Hörer wieder aufgelegt hatte, klingelte es noch mal. Einer, dem ich Geld schuldete, fragte, ob ich mich noch an ihn erinnere. Plötzlich war ich ein gefragter Mann.

* * *

Nach der Runde treffen sich Schaulustige und Zocker aller Klassen im Café Belmont, das 24 Stunden, sieben Tage in der Woche offen hat. Es herrscht eine sehr familiäre Atmosphäre – scheinbar. Hier wird fast alles gespielt, was man um Geld spielen kann, hauptsächlich Schach. Bekannte Großmeister sind sich nicht zu schade, um zwei Mark zu spielen pro Blitzpartie, mit Zeitvorgaben von bis zu eins gegen fünf Minuten.

Das Licht ist schlecht, das Spielmaterial auch, doch beides gibt's umsonst. Eben habe ich einen ungarischen Meister über die Klinge springen lassen, nach nur 23 Zügen. Jetzt will ich feiern. Der Sprung in die Weltrangliste ist geschafft – nach nur sechs Runden. Mein Gürtel wiegt schwer von imaginären Skalps. Der Ungar hat einen Fehler gemacht und bekam das Messer rein. So läuft das. Schach ist Kunstkill. Wissenschaftlicher Kill. Philosophischer Kill.

Das Universum – allegorisiert in 64 Feldern; auf ihnen schleichen ein weißer und ein schwarzer Mörder, und sie streiten sich darum, wer nun Gott und wer der Teufel ist. Es ist weiserweise der einzige Sport, bei dem man ein Unentschieden *vereinbaren* darf.

Ich schau mir die Spieler an. Ich entdecke den österreichischen Großmeister Dingler. Vor kurzem gewann er das Turnier von Bad Wörishofen. Ein Zocker der besessensten Sorte. Noch nie hat man ihn ohne Zigarette gesehn. Mit 23 Jahren hat er nur noch wenige Haare auf dem Kopf. Um seine Augen spielt ein chronisch-nervöses Zucken. Man hält ihn für vierzig. Ich besitze Informationen. Münchner Spieler haben mich über ihn unterrichtet. Schach okay – aber beim Backgammon soll er eine Bratwurst sein, ein Freier, ohne Selbstkontrolle. Liegt er ein bißchen hinten, läuft er heiß, versucht mit aller unvernünftiger Gewalt, sein Geld zurückzuholen. Dann kann man ihn gefahrlos ausbluten lassen. Gerade spielt er mit zwei Jugoslawen Kniffel. Was denen nicht noch alles einfällt ...

Ich warte ab, spiele ein paar Blitzpartien mit Anfängern. Es macht keinen Spaß, zwei Mark zu gewinnen, mit soviel Geld in der Tasche. Jetzt löst sich Dinglers Runde auf. Ich mach mich ran. Bin wieder im Spiel. Es ist ein toller Zustand.

«He, Dingler! Lust auf ein kleines Match?»

«Kleines Match – was denn?»

«Backgammon.»

«Na immer ... Kennen wir uns?»

«Nein, bisher sind wir uns noch nicht begegnet.»

«Und woher kennst' meinen Namen?»

Aha, anscheinend will er hören, daß er prominent ist. Ich sag ihm, daß er prominent ist. Die Bratwurscht behalt ich für mich. Wir verziehen uns in eine Ecke.

Das Board, das uns das Lokal zur Verfügung stellt, sieht nicht sehr schön aus. Zu klein, die Steine weiß-rosa, was sich im schlechten Licht nicht gut voneinander abhebt. Und nur ein Würfelbecher. Beide bestellen wir Wein. Es soll gemütlich abgehn. Moderater Einsatz. Zwanzig Mark pro Punkt.

Für meine momentanen Besitzverhältnisse ist das durchaus gemäßigt. Dingler ist einer der Geier, die von Turnier zu Turnier ziehn und auf einen Geldpreis hoffen, damit es für die nächste Zugkarte langt.

Er kennt mich nicht. Er spielt vorsichtig. Und recht gut. Mir fallen kaum Fehler auf. Nur hin und wieder zieht er seine Zahlen riskant und hyperaggressiv. Doch das hat seine Rechtfertigung darin, daß man doppelte psychologische Vorteile sammelt, wenn es zum Erfolg führt. Ich geb mir Mühe. Meine Konzentrationsfähigkeit hat schon stark eingebüßt. Berlin, der sechste Tag.

Nach einer Stunde liegt Dingler 18 Punkte hinten. Die Frequenz seines Augenzuckens steigt. Er wirkt verunsichert. Beim Schach gibt es klare Ranglisten, deren Autorität man dann doch zähneknirschend anerkennt. Beim Backgammon hält sich fast jeder für den Besten. Es ist kein Glücksspiel, aber kurzfristig kann einem der Massel Siege über starke Berufsspieler bescheren. Die Dinge laufen zu meinen Gunsten. Bald bestätigen sich meine Informationen.

Dingler läuft heiß, heißer die Bratwursch nie schmorte. Er nimmt jeden Doppler an, gibt ihn sogar oft prompt zurück, obwohl er schlechter steht. Was bedeutet, daß es in kaum einer Partie beim einfachen Einsatz bleibt. Der Würfel geht auf vier und acht hoch, manchmal auf sechzehn.

Dingler stürzt in die Ekstase. Er fordert das Schicksal heraus. Wir sitzen uns nun drei Stunden gegenüber. Dingler ist wahnsinnig geworden.

Tollkühn oder waghalsig ist kein Ausdruck mehr für das, was er auf dem Board fabriziert. Ich gewinne noch, aber er blutet nicht mehr so stark wie vorher. Jetzt ist der Moment gekommen, da man ihn ausweiden müßte. Er ist nur noch rohes Fleisch vor dem Beil. Dann geht mir eine Partie in die Hose. Der Würfel war auf sechzehn, ich habe sie Gammon verloren. Was heißt, er macht 32 Punkte gut. Noch besitze ich ein Polster. Doch der Moment des Degens ist vorüber, jetzt muß man wieder mit Banderillas operieren. Dinglers Selbstvertrauen ist gestiegen. Er redet viel, versucht mich abzulenken. Weist mich mit leisem Hohn auf einen Fehler hin. Tatsächlich: Fehler haben sich in mein Spiel eingeschlichen. Ermüdung? Die 32 Punkte haben mich geärgert. Das ist der größte Fehler. Dinglers Selbstvertrauen wächst in den Himmel. Er vertraut auf sein Glück. Und plötzlich hat er auch Glück. Unglaublich, welche Stellungen er noch rumreißt.

So war das nicht geplant. Dingler zittert im Fieber. Gott, das Glück, weilt bei ihm, er erkennt die Stunde. Trotz aller Geierroutine ist ihm die Ekstase nicht langweilig geworden. Ich suche mich selbst nach Ekstase ab. Nichts. Und ich spüre, daß ich nicht fähig bin, mich gegen die Energie aufzulehnen, die sich in jedem seiner Züge entlädt. Er findet verrückt anmutende Varianten, aber sie haben Erfolg. Ich kann Pech nicht ertragen. Hier ist das Gesetz aus den Angeln gehoben, das Backgammon trägt: die Wahrscheinlichkeit. Nun ja, ich hab auch schon gegen den Weltmeister gewonnen. Der wird sich dasselbe gedacht haben. Nach sechs Stunden liegt Dingler mit 80 Punkten vorn und hat mich im Griff. Ich gesteh's. Er sieht sehr zufrieden aus. Für heute habe ich versagt. So muß es wohl sein. Eine Sache der Energie. Ich brauch frische Luft. 80 PUNKTE! Wenn das in München einer erfährt, bin ich blamiert bis auf die Knochen. Ich zahl ihm die Tausendsechshundert und mache eine Revanche für den morgigen Abend aus. Ich tu unbetroffen.

So was passiert eben. Morgen wird man weitersehn. Dingler macht keinen Moment Pause und sucht sich den nächsten Gegner.

Im Zweifelsfall bewundere ich so was eher, als daß ich es bemitleide. Draußen auf der Straße, versuche ich der ganzen Sache eine Logik abzugewinnen, die weiterhilft. Hmm. Wenn man beim Denkspiel Pech hat, hat man beim Glücksspiel vielleicht Glück.

* * *

In der Lietzenburgerstraße schimmerten die Lampen von einem seltsamen Biergarten, mit Riesenrad, Marmorstatuetten und Palmgewächsen. Viele Kneipen und Striplokale. Und ein privater Spielsalon, mit Kis-Roulette. Kis bedeutet, daß es zwei Nullen gibt, bedeutet Beschiß. Aber das ist nicht das Entscheidende. Entweder hat man Glück oder nicht, daran kann eine Null mehr oder weniger nichts ändern. Ich ging hinein. Schmuckvolles Lokal. Es war nicht viel los. Am Spieltisch drehte ein stark behaarter Mann im kurzen, offenen Hemd den Roulettekessel. Ein anderer Mann setzte Fünfmarkjetons à cheval. Gegenüber vom Spieltisch glitzerte eine Bar. Eine Frau stand dahinter, lächelte mich an und fragte, was ich zu trinken wünsche. Sie wirkte grazil, schüchtern, irgendwie putzig. Wasserstoffblond, aber darunter eben nicht das Gesicht, das man dazu immer assoziiert. Eher ein Zug ins Slawische. Ich sah eine Flasche Retsina im Regal stehn und verlangte davon. Die Getränke waren erstaunlich billig.

Ich setzte mich auf einen der freien Stühle und wechselte 500 Ems in Jetons à Zwanzig. Die Frau brachte mir den Wein, und ich habe in meinem Leben noch nie einen so winzigen Hintern gesehn wie den ihren.

Der Croupier war ein Grieche, der einen kräftigen, aber auch gelangweilt-gutmütigen Eindruck machte. Er setzte den Kessel in Bewegung, warf die Kugel hinein. Der Retsina schmeckte hervorragend. Mit Seitenblicken auf die schöne Frau hinter der Bar setzte ich gleichmäßig Summen von vierzig bis sechzig Mark irgendwohin. Noch ein Retsina. Immer noch wurmte mich mein Versagen gegen Dingler, und ich analysierte ein paar Partien aus dem Gedächtnis, kam zum Schluß, daß er viel besser als sein Ruf gewesen war. Manches, was haarsträubend scheint, wird durch die Konsequenz aufgewertet, in der man es tut.

Noch ein Retsina. Nach einer Stunde lag ich mit Zweieinhalbtausend hinten, aber das machte mir keine Angst. Nach der Ebbe kommt die Flut, auf lange Sicht verliert man ja nur wegen der zwei Nullen ... ich trug noch 6000 mit mir rum – keine Gefahr also, die Dürre nicht durchzuhalten. Inzwischen war ich soweit, mich mit einer kleinen Niederlage zufriedenzugeben.

Ab drei Uhr morgens war ich der einzige Kunde. Der Grieche und ich, wir kamen ins Reden. Er schimpfte darüber, daß zu viele Ausländer in Berlin seien. Er fragte, was ich arbeite. Journalist, sagte ich. Schriftsteller klingt immer so angeberisch, und man wird viel zu sehr ausgefragt.

Der Grieche war sehr spendabel. Pro verlorenem Tausender ließ er mir ein Glas Retsina auf seine Rechnung bringen. Er erzählte, daß er diesen Laden ganz allein betreibe, von abends sechs bis morgens um acht. Kompagnon fände er keinen, weil es keine ehrlichen Menschen mehr gäbe. Und das Geschäft ginge schlecht.

Zwischen unseren Sätzen setzte ich auf irgendwas, und er warf die Kugel. Alles ging sehr mechanisch vor sich. Manchmal gewann ich, meistens nicht. Ich gab der schönen Frau einen Schnaps aus. Sie war Polin und sprach gebrochenes Deutsch. Beide waren nette Menschen.

Gegen fünf Uhr sagte ich, daß es für heute genug wäre, bedankte mich für den Wein, die Polin lächelte mir noch einmal zu.

«Morgen ist auch noch ein Tag!»

Der Grieche antwortete, er freue sich schon sehr auf mich. Ich ging auf die andere Straßenseite. Dort war eine Pizzeria, 24 Stunden offen und vorzüglich. Es war warm genug, draußen zu sitzen. Ich besaß noch zwanzig Mark.

Auf der Straße standen die fünf Geschäftsführer der benachbarten Animierschuppen beieinander. Alle entsprachen gängigen Zuhälterklischees. Sie stritten laut und gestenreich, wer der Geizigste unter ihnen sei.

Ich war raus aus dem Spiel.

(1989)

Das Liebesleben des
Giacomo Müller

Giacomo, auf der Parkbank voller Eisrosen,
träumt von Erfindungen. Bedeutenden Erfindungen, wie es das Streichholz war oder die
Dampfmaschine.

Es ist abends neun Uhr im Februar. Gern
würde Giacomo die Zeitmaschine konstru-
ieren und in weit entfernte Jahrhunderte der
Vergangenheit reisen, hinein in die Frühe,
dort, wo sie am neugierigsten gewesen ist.
Gottähnlich könnte er dort sein Schulwissen
verteilen, würde ein Erster sein in so vielen
Dingen. Wäre das langweilig? Giacomo sagt
nein und erschrickt. Der Berg seiner Eitelkeit
steht richtend über ihm.

«Je, na gut, ich weiß, ich bin ein billiger
Mensch! Na und?» ruft Giacomo in den kal-
ten Nebel.

«Mich kann sich jeder leisten!» fabuliert
er fort, wühlt seine Hand in die Hosentasche,
nach einem Feuerzeug suchend.

Die Hose ist sehr alt, mindestens zehn

Jahre schon. Die trug er noch in der Schule, und ihre Taschen hatten damals ein Loch, durch das man zwei Finger stecken konnte, um auf die schönen Mädchen zu onanieren.

Er hatte Glück gehabt. In seiner Klasse waren viele schöne Mädchen gewesen. Es gab viel zu tun. Eine nach der anderen war sein Opfer geworden. Giacomo erinnert sich gut. Schräg gegenüber saß die Favoritin, mit dem herrlichen, leuchtenden Nacken. Der allein hat ihn Liter heimlichen Spermas gekostet. Es wurde nie bemerkt. Seine Orgasmen waren lautlos und ohne Mienenspiel von ihm gegangen. An den männlichen Teil seiner Klasse erinnert sich Giacomo ungern. Sie haben ihn immer ins Tor gestellt, und wenn er einen Ball hielt, gab es kein Lob.

Voll Neid denkt er an jene überdimensionalen, kräftigen Burschen, die brutal, laut und schadenfroh waren. Von den Mädchen wurden sie dafür bewundert.

Als die Schule zu Ende ging, fingen die meisten Burschen zu arbeiten an. Einige heirateten gleich diejenige, die sie in der letzten Klasse deflorieren durften.

Manche gingen auf große Reise, andere begannen ein Studium, einer schlug die Verbrecherlaufbahn ein, der sitzt jetzt in Stadelheim. Giacomo ist Schornsteinfeger geworden. Es hatte ihm gefallen, mit einem Gesicht voll Ruß durch die Straßen laufen zu dürfen und von allen Leuten nett angesehn zu werden. Schornsteinfeger bringen Glück, sagt man.

Giacomo beschließt, künftig öfter in den Spiegel zu schauen. Es ist ganz dunkel, bis auf den entfernten Schein der Parklaterne. Giacomo fühlt Getreidekörner in seiner Hand. Die hat er im Sommer achtlos von der Ähre gerissen und eingesteckt. Ein paar davon haben sich in den Nähten der Hosentasche gehalten, die jetzt gut geflickt ist. Es gibt inzwischen leichtere Wege zum Glück.

Giacomo reibt die Körner zwischen den Fingern. Seine Mutter hat ihm welche auf den Nachtkasten gelegt, als er fünf war. Danach las sie aus dem Wilhelm-Busch-Buch die Geschichte von Max und Moritz vor. Seither hat Giacomo ein verschrobenes Verhältnis zu Getreide.

Die Schlagzeile des Tages lautet: «RAUMFÄHRE EXPLODIERT! ZUM ERSTEN MAL WAREN ZWEI FRAUEN DABEI!»

Was will man damit sagen? Hat sich eine Tee kochen wollen und auf den falschen

Knopf gedrückt? Oder ist der Tod von Frauen beklagenswerter als der von Männern?

Giacomo ist nicht traurig. Er hat einen kräftigen Haß auf die Amis. Der geht soweit, daß er im Sommer den Amigirls, die man ja sofort an ihren dicken Ärschen, den langen blonden Haaren, den Shorts und dem Rucksack erkennt, die falsche Richtung zeigt, wenn sie ihn nach Touristika fragen. Nein, auf keine von denen ist er scharf. Wenn in der Zeitung steht, daß es in Amerika wieder Mode wird, als Jungfrau in die Ehe zu gehn, stört ihn das ganz und gar nicht.

Giacomo ist ein bißchen betrunken, zu wenig jedoch, um die Kälte der Parkbank länger auszuhalten. Nach Hause will er auch nicht. Seine Bude kotzt ihn an, selbst jetzt im Februar, wo fast jedes Zuhause dem Inhaber warm und wohlig scheint. Seine Gedanken kreisen mit den Krähen über der Isar, bleiben hängen am schlanken Nacken der Favoritin, den er gern einmal, und sei es nur ganz kurz, geküßt hätte.

Er weiß ihre Adresse. Seine Spaziergänge führen öfters dort vorbei, seit zehn Jahren schon. Manchmal bleibt Giacomo davor stehen und wartet, und hin und wieder sieht er sie mit gelackten Männern in teure Autos steigen. Jedesmal fragt er sich dann, wie es wäre, wär sie eine Hure geworden. Ob er dann zu ihr gehen könnte? Hundert Mark auf den Tisch legen und sich ausziehen? Wahrscheinlich nicht. Vielleicht würde er an ihrer Tür klingeln, sie wortlos ansehn und wieder gehn, und alles würde vorüber sein. Doch nein, blöde Gedankenspiele, sie war ja nicht käuflich, nicht von ihm jedenfalls. Die gemeine Sau würde es ihm nie einfach machen.

Giacomo trampelt auf einem Beet herum, stapft sich Wärme in die Zehen, wankt davon, über die Reichenbachbrücke und die Baaderstraße entlang, und seine Nase läuft, und ein Satz geht ihm durch den Kopf. «Graziös springt der Elefant von Blüte zu Blüte.» Den hat ihm der Fischer Toni neulich erzählt, in der Kneipe, und bis zum Zapfenstreich war er an die fünfzig Mal wiederholt worden. Giacomo fühlt eine Depression kommen. Ihm fallen keine neuen Witze ein. Die Welt scheint gegen ihn. Dabei ist er doch ein echter Engel – im Vergleich zum Fischer Toni.

Giacomo trinkt die Bierflasche leer, wirft sie fort und haucht in die verfrorene Handfläche. Plötzlich steht er wieder davor, vor Hausnummer 17 einer unbedeutenden kleinen Straße beim Tal.

Diese Frau bringt ihm Pech. Er weiß es spätestens, seit er in Bad Wiessee auf die 17 gesetzt hat und bitter verlor.

Da oben ist ihre Wohnung, im dritten Stock des dreistöckigen grauen Mietshauses, das keine Schornsteine besitzt, dem er nie aufs Dach steigen wird.

Jetzt brennt kein Licht, nicht einmal das gedämpfte blaue, das oft brennt, wenn sie einen Mann in der Wohnung hat. Es ist sehr kalt, und ein grölender Dschingis Khan kommt um die Ecke, gefolgt von einem Cowboy und einer orientalischen Fee. Neben dem Gehsteig liegt eine Raseninsel mit Bäumchen, und der Schnee auf dem Gras ist graubraun, und Giacomo macht sich einen Zeitvertreib daraus, Buchstaben hineinzustampfen. Buchstaben, die zusammengenommen seinen Namen ergeben, schwarz auf graubraun, im Schimmer des Neons.

KARL MÜLLER.

Giacomo ist nur ein Künstlername. Jetzt ist Fasching, und im Fasching, wenn Giacomo auf einen Ball geht, geht er als Schornsteinfeger, macht es sich einfach. In der Zeitung steht, Schwarz ist die Modefarbe der Saison. Das freut ihn.

Im Hauseingang betrachtet er das neue Namensschild der Favoritin. Das alte hat Giacomo mit einem Schraubenzieher abmontiert und als teuren Fetisch nach Hause getragen. Das kommt ihm nun kindlich vor. Obwohl er jenes Namensschild gern in der Hand hält und darüber meditiert. Dagegen läßt sich nichts sagen.

Wohin nun gehen? Wo noch ein Bier trinken? Im Fasching sind überall Orte mit fröhlichen Menschen. Jedenfalls tun sie so.

Manche Frauen haben im Fasching ihre jährliche außereheliche Brunftzeit. Die Zeitung sagt, siebzig Prozent aller Frauen auf einem Faschingsball haben sich mit dem Vorsatz verkleidet, fremdzugehn. Möglich. Diese Frauen interessieren Giacomo nicht. Man muß nüchtern bleiben, um vom Fick was zu haben, aber wenn man nicht trinkt, wird man nicht lustig, und wenn man nicht lustig ist, springen die Frauen gleich ab.

Nein. Da bevorzugt Giacomo die Huren. Die kosten im Endeffekt weniger, und es gibt recht nette darunter, die einen nicht bescheißen, wenn man freundlich zu ihnen ist.

In diesem Moment hält ein Auto vor der Hausnummer 17. Ein schnittiger Wagen. SIE steigt aus.

Giacomo dreht sich weg und beobachtet aus den Augenwinkeln. Die Favoritin trägt heute einen blaugefärbten falschen Pelz, rote Stiefel und schwarze, stark glitzernde Strümpfe, als wären Schneeflöckchen hineingewebt. Wütend knallt sie die Beifahrertür zu, der Wagen heult auf und prescht davon.

Giacomo erkennt die Silhouette eines Mannes, der sich nicht amüsiert zu haben scheint. Giacomo kann ein Grinsen nicht unterdrücken und täuscht vor, mühsam gegen den Wind eine Zigarette anzuzünden. So versteckt er sein Gesicht. Er will nicht auffallen. Was würde die Favoritin wohl sagen, wüßte sie, daß sie seit zehn Jahren beobachtet wird? Zum tausendsten Mal überlegt Giacomo, ob sie sich an sein Gesicht erinnern würde, sollte es ihr einen längeren Blick lang ausgesetzt sein. Kaum. Er saß ja in der Bank hinter ihr, und in der Pause trennten sie Welten.

Sie kommt auf ihn zu, geht an ihm vorbei, schließt die Haustür auf. Wenn Lügen kurze Beine haben, muß sie die reine Wahrheit verkörpern. Sie beachtet ihn nicht.

Giacomo geht der Wahrheit nach und stellt eine Schuhspitze in die zufallende Tür. Ihre Absätze klacken auf den Holzstufen. Giacomo sieht ihnen nach, in grenzenlos gewordenem Mut wagt er sich an den Fuß der Treppe und sieht nach oben. Plötzlich bleibt die Favoritin stehn, lehnt sich übers Geländer und blickt herab.

Die Wahrheit ist furchtbar mitunter. Giacomo zuckt zusammen, und sein Mut zerplatzt, er hält die Hände vors Gesicht wie ein Kind, das sich vor Spielkameraden schämt.

«Wollen Sie etwas?» fragt die Frau.

Er antwortet nicht.

«Zu wem wollen Sie denn?» fragt sie weiter und steigt ein paar Stufen hinunter. Nur wenige Meter trennen die beiden noch. Giacomo will nicht weglaufen. Sein Gesicht mag er auch nicht zeigen.

«Geh weg!» brüllt er. Sie verharrt auf der siebten Treppenstufe. Giacomo zittert und gibt eine traurige Figur ab. Sie blamiert ihn, macht ihn fertig, warum in Teufels Namen kann sie nicht einfach in ihre Wohnung verschwinden und ihn in Ruhe lassen? Jetzt knarzen ihre Stiefel auf dem Holz noch näher.

«Wollen Sie etwas von MIR?»

Müller antwortet nicht.

«Warum halten Sie denn Ihre Hände vors Gesicht?»

Die neugierige Kuh! Gleich steht sie vor ihm, steigt die letzte Stufe hinab und wiederholt:

«Wollen Sie etwas von *mir*?»

Müllers Rechte zuckt vor und trifft die Favoritin an der Stirn. Sie fällt um. Die Hände ausgebreitet, liegt sie wie leblos. Fassungslos starrt Giacomo sie an, die Hände klappen ihm runter, er kniet neben ihr.

Ihre Beine sind so nah, näher und schöner und wohlgeformter als jemals. Durch den Sturz ist der Rock weit hinaufgerutscht, zeigt ein orangenes Strumpfband und die nackte Haut ihrer Oberschenkel und einen Hauch, einen Seidenschimmer ihres Höschens. Er möchte es so gern berühren. Er streckt die Hand aus, die spastisch zuckt, wild hin und her schwenkt. Näher ist er ihr niemals gekommen. Nur zwei Zentimeter fehlen noch. Zuviel.

Giacomo rennt. Fünfzehn Straßen weit. Der Stirnschweiß gefriert und kühlt die Gedanken. Er krümmt sich in schockartiger Nüchternheit. Hat sie ihn erkannt? In der Zehntelsekunde, als seine Faust flog? Würde sie sich an ihn erinnern?

Drei, vier Jahre gäbe das mindestens, vor allem, wo er doch vorbestraft ist, wegen Schwarzarbeit.

Geatmet hat sie ja, tot ist sie nicht, nur bewußtlos. O Gott ... Warum gibt es das Streichholz schon?

Dann rennt Giacomo weiter, zum Fischer Toni, der in diesem Fasching einen Chinesen mimt. Der Toni ist normalerweise ein Arschloch. Diesmal gibt er sich recht umgänglich, als Giacomo ihn um das Chinesenkostüm bittet. Aber den Hund, den will er nicht so einfach rausrücken. Giacomo drückt dem Toni einen Zwanziger in die Hand, verbittet sich Erklärungen und jagt, mit dem staunenden Foxterrier auf dem Arm, in die Nacht hinaus.

Giacomo ist eingefallen, daß sich die Schöne nur morgen früh aus dem Fenster zu lehnen braucht, dann wird sie schwarz auf graubraun erinnert werden, in großen Buchstaben.

KARL MÜLLER. Verfluchte Eitelkeit!

Er sprintet die Strecke in weniger als zehn Minuten. Der Chinesenbart klebt nicht gut, und der Mandarindeckel ist zu klein, rutscht dauernd vom Schädel.

Vor Hausnummer 17 parkt ein Streifen-
wagen. Kein Notarzt. Viel kann nicht passiert sein. Oben brennt Licht. Als Giacomo
die Raseninsel betritt, verläßt ein Polizist das
Haus und sieht ihn flüchtig an.

«Nur keine Panik!» sagt sich Giacomo.
«Ich bin nur ein Chines', der seinen Hund
Gassi führt.» Der Hund hebt willig sein Bein
und schifft ins A von Karl hinein. Schweiß-
überströmt zerstampft Giacomo den Rest
seines Namens, verliert den falschen Bart
und hebt ihn wieder auf, und ein zweiter Polizist entsteigt dem Haus und mustert ihn kurz.
Dann steigen beide in ihr Auto und fahren
weg.

Müller hält inne. Nur das ‹er› ist übrig von
seinem Namen. Das kann irgendwen bedeuten.

Oben brennt das Licht der Wahrheit. Müller weiß, er wird nie wiederkommen. Dies
hier ist ein Abschied, ein graubraungelber
Abschied. Und trotz allem, was ihm diese
Frau angetan hat, er liebt sie noch immer.

(1986)

Der eine und der andere

Zu den faszinierendsten Persönlichkeiten, die die Schachwelt jemals besessen hat, gehört zweifelsohne Emanuel Lasker, mit dessen Namen bereits der fortgeschrittene Anfänger unweigerlich konfrontiert wird. Er ist in die Geschichte eingegangen als der zweite von bisher 13 Weltmeistern. 1894 hatte er Wilhelm Steinitz, den Vater des modernen Schachs, den Begründer des Positionsspiels, den Überwinder des romantischen Opferstils, überzeugend geschlagen und nahm seither eine mehr als deutliche Vormachtstellung ein. Den Revanchekampf 1896 bestand er mühelos mit 10:2 Punkten. Allein in den folgenden vier Jahren gewann er die Turniere von St. Petersburg, Nürnberg, London und Paris. 1907 verteidigte er den Titel gegen Frank Marshall mit 8:0 bei sieben Remisen, 1908 besiegte er den großen Theoretiker Siegbert Tarrasch mit 8:3, und 1909 fegte er das Großmaul Janowski mit 7:1 vom Brett.

Laskers Erfolge gründeten darauf, daß er die revolutionären Einsichten der Steinitzschen Schule ständig verfeinerte. Zudem war er der erste, der in den abstrakten Kampf der schwarzen und weißen Steine die Psyche des Gegners mit ein bezog. Einer seiner vielen berühmtgewordenen Grundsätze lautete, er wolle nicht unbedingt den objektiv besten Zug finden, sondern den für den Gegner unangenehmsten. Hannak hat es sehr schön so formuliert: «Er lockte seinen Gegner bis an den Rand des Abgrunds, dann zwang er ihn, so lange mit ihm auf einem schmalen Grat zu wandeln, bis der andere strauchelte und abstürzte.»

Lasker war vielleicht der erste Schachspieler moderner Prägung, dynamisch, flexibel, ebenso stark in der Verteidigung wie im Angriff und von jenem Kampfeswillen beseelt, der nur ein einziges Ziel kennt: den Gegner zu schlagen, oder, wie es Bobby Fischer später noch drastischer ausgedrückt hat, ihn zu töten. Mit der Herrschaft Laskers starben die letzten Koryphäen jenes Zeitalters aus, das im Schachspiel mehr die Schönheit der Kombination als den Sieg um jeden Preis suchte, jene Romantiker, die aus unentwickelten Stellungen heraus angriffen, auf Material keinen Pfifferling gaben und denen Vorsicht und fehlende Risikobereitschaft als Schimpf und Schande galten.

Es war Lasker, der den Ideen von Steinitz zum endgültigen Durchbruch verhalf, den Ideen vom Spiel, das auf eine beständige Verbesserung der eigenen Position hinarbeitete und dem Mehrbesitz eines Bauern gebührenden Rang zuwies. Lasker stellte sein Spiel auf den jeweiligen Gegner ein und nutzte dessen Schwächen gnadenlos aus. Seine Partieanlage war nie schematisch, sondern den Umständen untergeordnet. Er bekämpfte nicht eigentlich die Figuren des Kontrahenten, sondern ihn selbst.

Lasker war ein Mensch von überragender Intelligenz. Er hatte zeitweise eine Professur für Mathematik inne, und noch heute ist ein von ihm gelöstes Problem der Differentialgleichung von einiger Bedeutung. Ebenso war er Doktor der Philosophie, und seine Schriften «Vom Kampf», «Philosophie des Unvollendbar» und «Begreifen der Welt» fanden nicht nur Anerkennung, sie wären auch durchaus wert, wieder aufgelegt zu werden.

Aufgrund seiner Schlagfertigkeit und rhetorischer Brillanz war er ein gesuchter Gesprächspartner, so zum Beispiel für Albert Einstein. 1925 wurde in Berlin Laskers Theaterstück «Vom Menschen die Geschichte» uraufgeführt. Äußerlich war Lasker von hoher, kräftiger Statur, trug einen mächtigen Schnurrbart, ein energisches Kinn und eine eindrucksvoll faustische Denkerstirn. Auf manchen Fotografien ähnelt er auffallend dem Nietzsche der letzten Jahre, mit diesem herrischen, bohrenden Blick, der zwar direkt und brutal den Betrachter trifft, aber immer auch über ihn hinausgeht, weit ins Dahinter.

Lasker war glücklich verheiratet mit der Dichterin Marco und hatte sich in einem Vorort Berlins ein großzügiges Haus gekauft. Er verstand es recht gut, seine Fähigkeiten zu vermarkten, und wenn er sich zu einem Titelkampf bereit erklärte, mußte zuvorderst die Kasse stimmen.

Im Jahre 1909 bezog also Großmaul Janowski eine katastrophale 1:7-Niederlage, bezeichnete sich dennoch trotzig als den besseren Spieler und war auf der Suche nach einem neuen Geldgeber, der einen Revanchekampf finanzierte.

Titelkämpfe hatten sich inzwischen als lukrativ erwiesen, da die Presse solchen Ereignissen viel Aufmerksamkeit schenkte und auch das Interesse in der Bevölkerung zunehmend wuchs. Der Kampf zwischen den beiden Deutschen Lasker und Tarrasch war nicht nur der Kampf zweier Persönlichkeiten und Spielauffassungen gewesen, sondern auch der des Juden gegen den Nichtjuden, weshalb Tarrasch auch nach seiner Niederlage auf eine starke Anhängerschaft zählen konnte. Deutschland war zu jener Zeit Schachnation Nummer eins, was dem Kaiserreich natürlich schmeichelte und dem Schach einen gehörigen Propagandawert gab. Und ob der Weltmeister nun Jude oder Nichtjude war, wurde bald nicht mehr so wichtig, Hauptsache der Pole Janowski bezog anständig Prügel.

Noch im selben Jahr 1909 wurde Lasker von dem Österreicher Carl Schlechter herausgefordert.

Schlechters Qualifikation war nicht in Zweifel zu ziehen. Zu seinen größten Turniersiegen zählten München 1900, Ostende 1906, Wien und Prag 1908 und viele andere Plazierungen in den Preisrängen.

Lasker erklärte sich zu einem Titelkampf spontan einverstanden, die Konstellation schien publicityträchtig und der Gegner nicht allzu gefährlich.

Denn Carl Schlechter war unter den Groß-
meistern jener Zeit ein Unikum, für das man
nach Parallelen umsonst sucht und höchstens
in der Weltfremdheit eines Richard Réti ein
Äquivalent findet. Schlechter war dafür be-
kannt, daß er in guten, ja teilweise gewonnenen Stellungen Remis gab, weil der Gegner
ihm leid tat. So groß seine Liebe zum Spiel
war, so gering blieb die innere Befriedigung,
die ihm die Niederlage des anderen bereitete.
Er freute sich unbändig, wenn er eine Partie
gespielt hatte, in deren Zügen man keinen
Fehler entdecken konnte. Das Resultat der
Partie blieb nebensächlich. Trotz dieser Ei-
genschaften, die ihn innerhalb der heutigen
Elite zum belächelten Hanswurst machen
würden, war seine Spielstärke so enorm, daß
man ihn durchaus zu den sechs oder sieben
führenden Meistern zählte. Seine Bereit-
schaft zum friedlichen Unentschieden ko-
stete ihn zwar manches Geld, vergessen darf
man aber nicht, daß Schlechter nur äußerst
schwer zu besiegen war, und wehe dem
Zweitklassigen, der das probierte. In schwierigen Situationen nämlich spielte er energisch
und genau, und eine Eigenschaft erwachte,
die ihm ansonsten fast völlig abging: Ehr-
geiz.

Schlechter war sehr beliebt im Kreis seiner Kollegen. Von schmächtiger Gestalt, war er die Freundlichkeit und Bescheidenheit in Person. Niemals suchte er nach Entschuldigungen, wenn er verlor, niemals wurde er gegen einen Gegner ausfällig, und die Kommentare zu seinen eigenen Partien zeugen von einer, bei großen Meistern beispiellosen Fähigkeit zur Selbstkritik und Objektivität. Im Gegensatz zu Lasker war Schlechter eine graue Maus, von der man nicht sehr viel berichten kann, ohne spekulativ zu werden. So beliebt er bei seinen Kollegen war, so wenig interessierte sich das Publikum für ihn, denn von den insgesamt 1066 Partien seiner Laufbahn endeten 531 mit einem Remis. Das Unentschieden aber galt als unbefriedigendes Ergebnis und wurde kaum der Mühe wert befunden, nachgespielt zu werden, egal wie gehaltvoll der Kampf bis zum Friedensschluß gewesen war. An dieser Auffassung hat sich in der breiten Masse bis heute wesentlich nichts geändert.

Zudem war Schlechters Stil in höchstem Maße unspektakulär. Er operierte nur aus festen Stellungen heraus, ließ sich selten auf ein Wagnis ein, und riskante taktische Manöver suchte man bei ihm vergebens. Komplikationen, die in ihren Verzweigungen nicht restlos durchschaubar waren, verstießen gegen seine ästhetische Auffassung.

Ein Großteil der Schachspieler neigt zu Optimismus und Selbstüberschätzung und verfolgt vermeintliche Gewinnpläne oft bis zum bitteren (oder glücklichen) Ende. Schlechter dagegen war das Lavieren, das später von Nimzowitsch zur Kunst erhoben wurde, zuwider. Hielt er eine Stellung für so ausgeglichen, daß nur noch grobe Fehler sie zur einen oder anderen Seite kippen lassen konnten, so gab er sie auch remis, selbst gegen schwächere Spieler, die zweifellos noch genügend Fehler produziert hätten.

Aus all diesen Tatsachen heraus ist es verständlich, daß Lasker diesen Gegner nicht besonders ernst nahm. Auf die Frage eines Journalisten gab er zur Antwort: «Schlechter liebt viel zu sehr das ruhige Leben, um wirklich gefährlich zu werden.»

Es begannen langwierige Verhandlungen über die Konditionen des Titelkampfs. Lasker plante ein Match, das auf 30 Partien angesetzt war und in verschiedenen Städten gespielt werden sollte. Der Herausforderer sollte, um Weltmeister zu werden, zwei

Punkte mehr erreichen als der Titelverteidiger. Warum Lasker diese ungerechte Forderung aufstellte, bleibt schleierhaft, galt er doch als klarer Favorit, dessen klaren Sieg alle Fachleute prophezeiten.

Schlechter hätte in diese Bedingung vielleicht sogar eingewilligt. Es waren ja vor allem seine österreichischen Freunde und Gönner, die ihn zu diesem Match gedrängt hatten, die die nötige Börse zusammentrugen und ihm Selbstvertrauen zu geben versuchten. Er selbst hätte dem großen, berühmten Lasker bestimmt nie an den Karrenfahren wollen, sein Naturell verbot ihm das.

Es ergaben sich jedoch für Schlechter glückliche Umstände. Aus finanziellen und terminlichen Gründen zerschlug sich der ursprüngliche Plan der dreißig Partien, und man kam überein, das Match auf zehn zu begrenzen. Bei Gleichstand sollte Lasker Weltmeister bleiben. Mit diesen Konditionen konnte die österreichische Seite einverstanden sein. Es wurde weiter vereinbart, den Wettkampf in zwei Etappen auszutragen. Die erste Hälfte sollte in Wien gespielt werden, die zweite in Berlin.

Obwohl Schlechter nur Außenseiterchancen eingeräumt wurden, nahm die Presse regen Anteil und stilisierte das Match zu einer Kraftprobe zwischen den Kaiserreichen hoch. Schlechter war soviel Öffentlichkeit unangenehm. Seine Statements beschränkten sich auf Schachliches, und über Lasker ließ er zwei, drei brave Komplimente fallen.

Am siebten Januar des Jahres 1910 wurde der Wettkampf im Wiener Café Zur Marienbrücke begonnen. Die beiden Kontrahenten waren sich zuvor siebenmal am Brett begegnet. Lasker hatte dreimal gesiegt, dreimal remisiert und nur einmal, in Cambridge Springs 1904, verloren.

Der Andrang des Publikums war gewaltig. Die gespielten Züge wurden von jenen, die einen Blick auf das Brett erhaschen konnten, nach hinten weitergegeben, bis weit auf die Straße hinaus. Die Auslosung hatte Schlechter in der ersten Partie Weiß beschert, und selbstverständlich erwartete man, daß er die wenigen Chancen, die man ihm zutraute, in den Weißpartien suchen würde, mit dem Anzugsvorteil im Rücken. Beim damaligen Stand der Eröffnungstheorie spielte der Anzugsvorteil eine weit weniger gravierende Rolle als in der heutigen Praxis der Elite. Trotzdem konnte man von Schlechter, dem

Sicherheitsspieler per se, nicht erwarten, daß er jemals mit Schwarz die Initiative ergreifen würde, da erwartete man ein Blocken, Mauern und Klammern.

Schlechter eröffnete die erste Partie Spanisch. Beide Seiten agierten zurückhaltend, es ergab sich ein zäher Positionskampf, in dem es lange so aussah, als hätte keiner der Spieler einen ernsthaften Plan, in Vorteil zu geraten, sondern versuche nur, mögliche Pläne der Gegenseite von vornherein zu durchkreuzen.

Im folgenden aber leistete sich Lasker einige Ungenauigkeiten, und Schlechter gewann einen Bauern im Turmendspiel. Ein Sieg schien möglich. Im 54. Zug verpaßte Schlechter die richtige Fortsetzung. Zwar mußte Lasker einen weiteren Bauern geben, aber dieses materielle Ungleichgewicht wurde durch die Aktivität seines Turms aufgewogen. Im 69. Zug einigte man sich auf Remis. Schlechter hatte Grund, sich zu ärgern, in der Wiener Presse jedoch wurde die Partie als Achtungserfolg gewertet. Schließlich war Lasker an die Wand gedrängt worden und hatte sich mit viel Mühe seiner Haut erwehren müssen.

Am 13. Januar wurde die zweite Partie begonnen. Sie ist für beide Seiten nicht gerade ein Ruhmesblatt. Nach verfehlter Eröffnung stand Lasker schlecht, die Situation wurde von Schlechter nicht ausgenutzt, der bald selbst in Nachteil geriet. Lasker konnte den gewonnenen Bauern nicht verwerten, und nach einem Generalabtausch vereinbarte man das zweite Unentschieden.

Auch die dritte und vierte Partie endete mit demselben Ergebnis. Die dritte Begegnung war ein völliger Langweiler, während Lasker in der vierten dominierte, dem Dauerschach der Schlechterschen Dame aber nicht entwischen konnte.

Die Fachleute zogen in ihren Kommentaren über beide Spieler her, die Österreicher über den Deutschen und umgekehrt. In Wien war man insgesamt guter Stimmung, denn schon jetzt zeichnete sich ab, daß der Lokalmatador wenigstens kein Debakel erleben würde, und von allen Seiten spornte man ihn an, das fünfte Spiel, das letzte auf heimischem Boden, zu einer Attacke zu nutzen.

Tatsächlich spielte Schlechter offensiver als gewöhnlich, und als sein Angriff zu versickern drohte, brachte er sogar ein Bauernopfer. Die Zuschauer staunten, zumal das Opfer von recht zweifelhaftem Wert schien.

Im 48. Zug wurde selbst den Ungeübten im Publikum klar, daß Schlechter sich «veropfert» hatte. Er büßte einen zweiten Bauern ein, während Lasker die letzten verbliebenen Drohungen des Weißen nicht besonders ernst zu nehmen brauchte. Mit jedem Zug erwartete man Schlechters Aufgabe, und Lasker nahm eine recht lässige Haltung ein.

Genau dies war vielleicht einer der größten Fehler in der Karriere des sonst psychologisch so gewandten Weltmeisters. Er vergaß genau die Eigenschaft, die Schlechter auszeichnete, nämlich sich in schwierigen Positionen gegen die Niederlage aufzubäumen und nach verstecktesten Schwindelchancen zu suchen. Das Unglaubliche geschah. Lasker zog zweimal leichtsinnig, schoß einen Riesenbock, Schlechters Schwerfiguren drangen ein. Lasker, verwirrt, sah nicht, daß er durch Preisgabe der eigenen Dame wenigstens noch das Remis halten konnte, ein Fehler reihte sich an den nächsten, und Lasker schmiß, zwei Züge vor dem eigenen Matt, völlig entnervt das Handtuch.

Die Sensation war da. Wien jubelte. Die Wettkampflage hatte sich grundlegend verändert. Schlechter lag mit einem Punkt in

Führung, und man wußte ja, wie schwer er zu bezwingen war, wenn er sein Spiel auf Remis anlegte. Plötzlich wurde diese sonst so geschmähte Fähigkeit in allen Blättern der k. u. k. Monarchie äußerst lobend erwähnt. Österreichs Hoffnungen hängten sich daran.

Die Spannung stieg. Der Wettkampf wurde für fünf Tage unterbrochen, um in Berlin fortgesetzt zu werden. Die deutsche Presse ritt unermüdlich auf dem «Dusel» des Herausforderers rum und forderte Lasker auf, in der zweiten Hälfte des Matches die Verhältnisse klarzustellen. Lasker selbst schrieb zu diesem Zeitpunkt: «Ich hatte Mühe, mich auf das Spiel Schlechters einzustellen, denn es war mir ungewohnt. Gerade als ich glaubte, das richtige Mittel gefunden zu haben, unterlief mir ein grober Fehler. Doch ich bin sicher, nun auf dem rechten Weg zu sein.»

Am 29. Januar wurde das Match fortgesetzt. Berlin empfing Schlechter nicht übermäßig freundlich. Man erboste sich über seinen «widerlichen» Stil, warf ihm sogar Feigheit vor, weil er den offenen, «ehrlichen» Kampf vermied. Am liebsten hätten die Journalisten Schlechter vorgeworfen, «jüdisch» zu spielen, doch das ging nun leider gar nicht.

Dem sensiblen Schlechter setzte der Rummel arg zu, und er versicherte den Journalisten, er wolle keineswegs durch Remisgeschiebe Weltmeister werden, im Gegenteil, er setze alles daran, einen eventuellen Sieg überzeugend zu gestalten. Keiner nahm ihn ernst. Auch Lasker nicht, was seine zweite psychologische Fehlleistung war, hatte er sich doch darauf eingestellt, in den verbleibenden fünf Spielen einen Betonwall durchbrechen zu müssen.

Das Gegenteil war der Fall. Die sechste und siebte Partie wurden zu wilden, verwikkelten Schlachten, in denen Schlechter mehrmals kühne Züge wagte und sich keineswegs versteckte. Bedingt wohl durch die Nervosität, ließen beide Kontrahenten Gewinnfortsetzungen aus. Reduzierte sich das Material, so fand sich Schlechter meist in einem leicht «schlechteren» Endspiel wieder, das er aber ohne Mühe halten konnte.

In der achten Partie zeigte sich dasselbe Bild. Erneut ein Unentschieden. Lasker wurde langsam etwas hysterisch und jammerte: «Wie verhält man sich gegenüber einem Gegner, der starken Drohungen und eigenem Vorteil mit ebensoviel Gleichmut entgegensieht?» Es gab keinen Zweifel, Lasker war am Ende seiner Weisheit. In diesen Tagen realisierte er die Möglichkeit, nach 16 Jahren seinen Titel zu verlieren, die Angst überfiel ihn, und obwohl er wußte, daß die Angst ein weiteres Handicap darstellte, vermochte er sie nicht zu besiegen.

Carl Schlechter währenddessen wurde von der deutschen Presse in der Luft zerrissen. Zwar war in der sechsten bis achten Partie viel los gewesen auf dem Brett, aber die Zeitungen nahmen die nackten Ergebnisse zur Hand, um ihre Diffamierungen weiter zu treiben. Remis, Remis, Remis. Die Berichterstattung wurde zunehmend unsachlicher. Jenem Interessierten, der vom königlichen Spiel kaum etwas oder gar nichts verstand, war es leicht plausibel zu machen, daß hier ein vom Pech verfolgter Weltmeister saß, der gegen einen spielerisch völlig unterlegenen, in höchstem Maße ungenialen Maurer die Folgen eines tragischen Fehlers auszubügeln versuchte.

Schlechter litt stark unter diesen Schmähungen. Und so ist es zu verstehen, daß er in der 9. Partie, die er mit den weißen Steinen am 5. Februar eröffnete, wie ein Berserker auf Lasker losging, ein gewaltiges Druckspiel organisierte, und den Champion zu umsichtiger Verteidigung zwang. Die Rollen waren plötzlich völlig vertauscht. Lasker konnte seinen König zwar letztlich in Sicherheit bringen, hatte aber in dieser Partie nicht die geringste Chance zu höheren Ambitionen. Froh vernahm man in Wien die Kunde vom achten Remis im neunten Spiel.

Schlechter stand kurz vor dem Ziel und war doch ein Haufen Elend.

Über die zehnte Partie ist viel geschrieben und gerätselt worden. Sie gehört zu denjenigen der Schachgeschichte, bei deren Nachspielen einem heute noch Schauer über den Rücken laufen. Waren alle bisherigen Partien mit e2-e4 eröffnet worden, entschloß sich Lasker diesmal zum Doppelschritt des d-Bauern. Schlechter entgegnete mit einer Variante, die später nach ihm benannt werden sollte. Obwohl Schlechter die schwarzen Steine führte, öffnete er die Stellung früh. Hätte Lasker besonnen darauf reagiert, wäre ihm ein beträchtlicher Positionsvorteil sicher gewesen. Doch auch er stürzte sich ins Abenteuer, um sich kurz darauf in der Defensive wiederzufinden. Schlechter, so berichteten Augenzeugen, saß tief übers Brett gebeugt und stierte mit beinah bösartigem Blick in die

Stellung, während Lasker das Entsetzen deutlich ins Gesicht geschrieben stand. Denn Schlechter stand besser und besser und der Weltmeister vor einer Ruine.

Die Stille, die im Saal herrschte, war für viele der Zuschauer nicht mehr zu ertragen, sie gaben ihren kostbaren Platz auf, nur um hinauszugehen und laut zu schreien.

Im 35. Zug war Lasker am Ende.

Ein simpler Turmzug hätte genügt, um ihn zur Aufgabe zu zwingen. Schlechter jedoch zog anders, opferte spektakulär eine Qualität. Lasker schöpfte neue Hoffnung und vertiefte sich wieder in die Stellung. Doch dann, im 39. Zug, war die Sache klar. Schlechter konnte freilich nicht mattsetzen, aber er brauchte mit seiner Dame nur Schach um Schach um Schach zu geben, immer wieder, das Remis durch Dauerschach wäre unvermeidlich gewesen, und Lasker beschloß im Innern, dem neuen Weltmeister wie ein echter Gentleman herzlich zu gratulieren.

Schlechter aber war nicht mehr Schlechter oder vielmehr, er war Schlechter bis zu einem Grad, da es seinen treuesten Verehrern unerträglich wurde. Er entschied sich, den Angriff fortzusetzen und wollte den ganzen Punkt, wollte um nichts in der Welt ein unwürdiger

Weltmeister sein und den Titel auf keinen Fall dem «Duseltreffer» in der fünften Partie verdanken. Er hatte seine Absicht deutlich verkündet, niemand hatte ihm geglaubt, und nun ballten alle mitgereisten Österreicher die Fäuste vor soviel Ritterlichkeit. Denn Schlechters Angriff drang nicht durch. Nach Vereinfachungen blieb ihm ein Springer gegen einen Turm, wobei jeder noch einen Bauern besaß. Lasker ließ sich dieses einfache Endspiel nicht mehr aus der Hand nehmen und führte es sicher zum Sieg.

Als Carl Schlechter seinen König zum Zeichen der Kapitulation umgelegt hatte, erwachte er wie aus einer Trance, schüttelte Lasker freundlich die Hand und analysierte mit ihm, als wäre nichts Besonderes geschehn, den Verlauf des Spiels.

Laskers Nimbus sank durch jenes Match erheblich. Glücklicherweise hatte Großmaul Janowski bald eine neue Börse zusammengebracht, nur um mit 0:8 unterzugehn und die Glorie Laskers wieder etwas zu festigen. Lasker blieb 27 Jahre lang Weltmeister. 1921 wurde er von dem Kubaner José Raoul Capablanca entthront. 1933 mußte er ins amerikanische Exil gehen, wo er 1941 starb.

Carl Schlechter war im Jahr 1910 ein letzter großer Turniersieg in Hamburg vergönnt. 1918, kurz nach dem Ersten Weltkrieg, spielte er schwach in Berlin und Budapest. In Budapest, am 27. Dezember, brach er zusammen. Die Ärzte diagnostizierten, daß Schlechter an Unterernährung starb. Freunden, die vielleicht hätten helfen können, hatte er aus Bescheidenheit die Größe seiner Notlage verschwiegen.

(1990)

Nuntius und Ananas

Nach nur fünf Tagen gaben die Truppen des Diktators jede Gegenwehr auf. Die Besatzungsmacht bekam alle strategisch wichtigen Punkte unter Kontrolle, die Bevölkerung schlug sich auf ihre Seite und bejubelte sie als Befreier. Es waren nicht viele Tote zu beklagen.

Die Sieger erklärten dem befreiten Volk, daß es keinerlei Repressalien zu erwarten habe. (Großer Beifall) Alles, was man wolle, sei die Person des Diktators, um ihn wegen verschiedener internationaler Verbrechen vor Gericht zu stellen. (Noch lauterer Beifall) Spontan wurden Demonstrationen gegen den Diktator organisiert und viele Bäume der Hauptstadt mit Strohpuppen behängt, denen als Kopf eine Ananas diente.

Die Ananas – so lautete der Spitzname des Diktators, seines blatternarbigen Gesichtes wegen – schlug sich inzwischen, von ein paar letzten Getreuen begleitet (keine Frau darunter), quer durch die Linien.

Aufgrund der folgenden Geschehnisse wird das «Handbuch der erfolgreichen Besatzung» in seiner neuesten Ausgabe einen wichtigen Zusatz erhalten. Denn die Truppen der Sieger, einer allgemein wohlbekannten und konflikterfahrenen Supermacht, hatten zwar Rundfunk, Telegrafenamt und Elektrizitätswerk eingenommen, vergaßen aber ein Gebäude, das ihnen in den kommenden Tagen viel Kopfzerbrechen bereiten sollte. Dieses war die Botschaft des Vatikans, vor deren Pforte Diktator Ananas seine letzten Getreuen verabschiedete und die Klingel betätigte. Der verwirrte Pförtner, vom herrischen Auftreten des späten Gastes schwer beeindruckt, brachte den Diktator zu seinem Chef, dem päpstlichen Nuntius.

Der Nuntius, hochgewachsen, schlank, ergraut, galt als erfahren und weltgewandt, in dem Moment aber, als er dem abgekämpften Diktator gegenüberstand, fiel ihm absolut nichts Sagenswertes ein, und stumm wies er dem Gast einen Stuhl.

«Ist es wahr», fragte Ananas ohne Umschweife, «daß es Kirchengesetz ist, jedem Verfolgten Zuflucht zu gewähren, egal, um wen es sich handelt?»

Dem Nuntius wurde schwarz vor Augen,

aber wahrheitsgemäß (und nicht ohne Stolz) antwortete er, dies sei durchaus der Fall, der Boden der Kirche sei rechtsfreier Raum, auf den keine Staatsgewalt einen Fuß setzen dürfe.

Als er das hörte, schnaufte Ananas vernehmlich durch und lehnte sich bequem im Stuhl zurück.

«Sie wollen wirklich hierbleiben?» fragte der Nuntius und goß sich einen Cognac ein.

«Was bleibt mir denn übrig? Ich habe keine Lust, auf dem elektrischen Stuhl zu landen!»

Von der Straße konnte man vereinzelte Schüsse hören. Die letzten Getreuen starben soeben einen erfüllenden Heldentod.

Die Diktatoren von heute sind auch nicht mehr das … dachte sich der Nuntius und zupfte nervös an seinem Gewand. Es war kurz nach Mitternacht.

«Haben Sie sich das auch gut überlegt?» fragte er, um überhaupt etwas zu sagen und Zeit zum Nachdenken zu gewinnen.

«Da gibt's nix zu überlegen», sprach Ananas unwirsch. «Schmeißen Sie mich raus, oder lassen Sie mich hierbleiben.»

Nuntius und Ananas hatten während der siebenjährigen Regierungszeit des öfteren eine Tafel geteilt, bei offiziellen Anlässen, Empfängen, Diktators Geburtstag etcetera. Zu Gesprächen war es nie gekommen, der Nuntius hatte jeweils am unwichtigsten Platz der Tafel gesessen, gegessen und getrunken und war nach Hause gegangen, wenn der Diktator sich den wichtigen Botschaftern zuwandte.

Der Nuntius genoß jetzt diesen Moment, bevor er schließlich sagte: «Ich werde Ihnen einen Raum anweisen lassen. Morgen bereden wir die Sache weiter.»

Ananas nickte knapp und verließ, von einem Botschaftsangestellten begleitet, das Büro. Der Nuntius rief sofort seinen Vorgesetzten in Rom an, um durch eine Sache von so großer Bedeutung nicht erdrückt zu werden. Dem kurzen Genußmoment folgte ein Zittern in Schultern und Knien. Er drang zuerst nur zu einem Kardinal durch, denn der Stellvertreter Gottes war wieder mal auf Reisen und schmuste mit einer Rollbahn.

Der Raum, den man dem Diktator zuwies, lag direkt unter dem Dach, war klein und tief und karg. Bis vor kurzem hatte eine Putzfrau darin gehaust. Ananas, zufrieden, sein Leben gerettet zu haben, legte sich gleich ins Bett. Er hatte drei Tage nicht geschlafen. Alles, was er bei sich trug, war seine schlichte graue Uniform und ein weißer schweinslederner Koffer.

Das Gespräch zwischen Papst und Nuntius verlief kurz. Der Nuntius schlug vor, Ananas von ein paar kräftigen Bediensteten auf die Straße tragen zu lassen, bevor jemand Wind von seinem Aufenthalt bekäme, der Papst lehnte dies rundweg ab mit dem Hinweis, ein solches Handeln hätte sofort, ohne Zögern, und in eigener Verantwortung geschehen müssen. Man kam überein, internationale Reaktionen abzuwarten und die künftige Strategie flexibel zu gestalten. Der Papst fügte hinzu, daß dem Nuntius nun eine ungewöhnlich schwere Aufgabe der Seelsorge zukäme, an die er sehr sorgfältig herangehen solle.

Schwitzend legte der Nuntius auf, betete einen Rosenkranz vor Wut und sagte sich immer wieder, Mussolini hätte so was nie getan, nie …

Als am Mittag des nächsten Tages der Diktator erwachte und ans Fenster trat, sah er unten nicht nur Panzer, Geländewagen und allerlei sonstiges Militärgerät, sondern auch eine riesige Menge gehässig brüllenden Volkes, das seinen Tod oder wenigstens seine Auslieferung forderte. Der Diktator ließ das Fenster geschlossen, um nicht allzuviel von diesen Tiraden zu hören. Es hatte sich schnell herumgesprochen, wohin er geflüchtet war.

Die Bevölkerung der Ananasrepublik – obwohl sehr katholisch – wäre leicht zu bewegen gewesen, die vatikanische Botschaft zu stürmen und ihren früheren Herrscher als Laternendekoration zu verwenden.

Inzwischen jedoch war auf diplomatischer Ebene viel geschehen. Der Vatikan hatte die Gunst der Stunde erkannt, Dogmenpropaganda mit Autoritätsdemonstration zu verbinden, und hatte präventiv beim Präsidenten der Supermacht jeden eventuellen Übergriff auf Botschaftsgelände scharf verurteilt. So hatten an diesem Tage die siegreichen Soldaten vor allem damit zu tun, das Haus hermetisch abzuriegeln und die Volkshaufen daran zu hindern, ihre Loyalität gegenüber den neuen Herren zu beweisen.

Ansonsten war man recht ratlos. Eine solch mittelalterlich anmutende Situation hatte man lange nicht mehr gehabt. Wäre Diktator Ananas in irgendeine andere Botschaft geflohen, das betreffende Land hätte ihn prompt ausgewiesen und damit gut. Die uralte Sitte der Kirche aber, weltliche Mächte zu ärgern und Verfolgten Asyl zu gewähren, rettete ihn, wie damals den Glöckner von Notre-Dame. (Eine ähnlich romantische Dingschaft soll sich übrigens 1978 in einem mitteleuropäischen Dom zugetragen haben. Damals allerdings schloß der zuständige Pfarrer beide Augen, und der Verbrecher, ein etwas tolpatschiger Kindesentführer, wurde ohne großes Aufsehen hinausgeschleift. Die Augen der Welt haben bekanntlich keine Sperrstunde.)

Nie zuvor in den letzten 300 Jahren hat es soviel Korrespondenz zwischen einer Supermacht und dem Vatikan gegeben. Die Verhandlungen liefen sich (auf Hochtouren) jeweils an einem bestimmten Punkt tot. Würde Ananas die Botschaft nicht freiwillig verlassen, konnte man sich alle Verhandlungen sparen.

Der Diktator indes stand im Zimmer und meditierte über sein Leben. Bevor er noch zu einem vernünftigen Ergebnis kam, öffnete er den schweinsledernen Koffer, holte einen Cassettenrecorder heraus und legte Puccinis Tosca ein. Danach blätterte er in einem schwedischen Hochglanzporno. Das Essen, das ihm gebracht wurde, bestand aus Ge-

müse, Fleisch, Weißbrot, Wein und Mineral-
wasser. Als Nachtisch gab es eine halbe Ananas. Der Diktator verzog das Gesicht ob dieser Anspielung, aber er aß mit viel Appetit
und machte es sich wieder auf dem Bett gemütlich. Soviel Muße hatte er seit seiner Ge-
burt nicht genossen. Er war eine zeitge-
schichtliche Person, und wie viele Menschen
dieser Sorte handelte er, als würde sogar sein
Mittagsschlaf im Fernsehen übertragen. Er
stellte an sich selbst eine angenehme Seelenruhe fest. Es hätte alles schlimmer kommen
können. Sehr viel schlimmer. Zweifellos.

Gegen 16 Uhr besuchte ihn der Nuntius. Sie
unterhielten sich gut, plauderten über dieses
und jenes und anderes Belanglose, dann
stellte der Nuntius die Frage, wie lang Ananas denn seine Gastfreundschaft in Anspruch
zu nehmen gedenke.

Ananas lenkte das Gespräch aufs Wetter.
Was sollte er schon sagen? Der Nuntius ge-
brauchte auffallend oft das Wort «Über-
gangslösung», vermied aber, eine Alterna-
tive anzubieten.

«Ich weiß genau», sagte der Diktator,
«daß ich Ihnen Unannehmlichkeiten bereite.
Andererseits bin ich vor vierzig Jahren ein

braver Ministrant gewesen. Da können Sie mir auch mal einen Gefallen tun ...»

An diesem Punkt der Unterhaltung platzte dem Nuntius der Kragen. «HABEN SIE DENN ÜBERHAUPT KEINEN STOLZ?» schrie er Ananas an. «Sie haben nie einen Pfifferling auf die Kirche gegeben und jetzt ... jetzt kommen Sie angekrochen und ... und ...»

Der Nuntius faltete die Hände zur besseren Beherrschung. Ananas blieb kühl.

«Es ist nie zu spät zur Umkehr», sagte er trocken.

Aufgebracht verließ der Nuntius das Zimmer. Wenn nun schon die Ungeheuer jeden Stil verlieren, dachte er, was soll dann werden? Die Presse riß Witze, zum Beispiel den, daß fortan wohl kein totalitärer Staat mehr seine diplomatischen Beziehungen zum Vatikan abbrechen werde, für den Notfall der Revolte.

Der Nuntius saß bis tief in die Nacht in seinem Büro und dachte nach. Schließlich blickt er zum Kruzifix auf, mit ratheischendem Blick. Umsonst. Der Gekreuzigte hob die Augen gegen den väterlichen Himmel, und es schien, als wär ihm alles Irdische schnurz.

Die beiden nächsten Tage verliefen beinah ereignislos. Der Diktator schlief viel und ruhig, hörte klassische Musik und befriedigte sich zweimal täglich über den Schwedenpornos. Sein Vorrat an reinstem Kokain war beträchtlich und half über die melancholischen Phasen hinweg. Da das Zimmer keinen Spiegel besaß, schaltete Ananas manchmal den alten Fernseher ein und sah vergangene Bilder seiner selbst in den Nachrichten. Am Morgen des vierten Tages verlangte er einige Zeitungen. Der Bedienstete nahm die Bestellung zwar bereitwillig auf, kam aber mit leeren Händen zurück.

Es gebe keine Zeitungen, sagte er begründungslos.

Ananas verstand nicht.

«Was soll das heißen, keine Zeitungen?»

Der Bedienstete zuckte die Achseln und entfernte sich.

Wütend verließ Ananas das Zimmer, um sich beim Nuntius persönlich zu beschweren. Dessen Büro fand er verschlossen. Sein Sekretär erklärte sich für nicht zuständig und vertröstete den Diktator auf morgen. Grummelnd kehrte Ananas in sein Zimmerchen zurück und schaltete den Fernseher ein. Kein Bild kam. Er schlug mit der flachen Hand auf das Gerät, rüttelte es, trat es mit Füßen. Nichts zu machen. Das Ding hatte seinen Geist aufgegeben. Entnervt kroch der Diktator ins Bett, ließ den dritten Akt Rosenkavalier laufen und nahm eine üppige Prise Kokain. Als er am Abend nach seinen schwedischen Wixvorlagen greifen wollte, griff er ins Leere.

Er weckte die gesamte Botschaft auf, als er durch die Gänge rannte und «DIEBE, DIEBE, GESINDEL!» schrie. Keine Tür öffnete sich. Niemand nahm Notiz. Der Diktator schlief unruhig in dieser Nacht.

Am fünften Tag servierte man ihm eine Mahlzeit, bestehend aus Brot, Käse, einer Banane und einem Krug klaren Wassers. Diesmal erwischte er den Nuntius in der Eingangshalle und beklagte sich mit heftigen Worten.

«Tut mir leid», sagte der Nuntius ruhig. «Es ist von den Gläubigen in aller Welt harte Kritik laut geworden. Es geht nicht an, daß Sie hier speisen wie ein Fürst, wo Millionen Kinder Hunger leiden. Wir können uns solche Vorwürfe nicht leisten.» Sprach's und verließ die Botschaft mit unbekanntem Ziel. Der Diktator sah sich nach allen Seiten um und fand niemanden, mit dem er die Diskussion fortführen konnte. Deprimiert stapfte er die Marmortreppe zu seinem Zimmer hoch. Am sechsten Tag fiel im Dachgeschoß die Klimaanlage aus. Die Hitze wurde fast unerträglich, doch Ananas forderte vergebens, in ein tieferes Stockwerk verlegt zu werden. Statt dessen kamen zwei Benediktinerpatres, die ihn dazu überreden wollten, seinen Gewissensqualen Frischluft zu verschaffen. Er gab beiden einen Arschtritt und ließ im Badezimmer kühles Wasser einlaufen. Während dieses Bades wahrscheinlich muß ihm irgendein Übeltäter die goldene Kokaindose aus der Uniformjacke gestohlen haben, die er unbeaufsichtigt über dem Stuhl hatte hängen lassen.

Fortan verschanzte sich der nicht begriffsstutzige Diktator in seinem Zimmer und bewachte das Letzte, was ihm geblieben war: den Cassettenrecorder und das Köfferchen mit seinen 14 Lieblingsopern. Er saß nackt auf dem Boden, den Rücken an die hölzerne Schrankwand gelehnt, was etwas kühlend wirken sollte.

Zwar brachte man ihm noch drei Mahlzeiten pro Tag, doch der Kaffee war wäßrig und das Brot drei Tage alt. Sonntags allerdings bekam er eine halbe Scheibe Ananas zum

Frühstück. So ging das noch eine ganze Woche. Ununterbrochen hallten vorm Fenster Sprechchöre, die seinen Tod herbeiwünschten. Das kann auf Dauer selbst Diktatoren aufs Gemüt schlagen.

Den Nuntius traf er persönlich nicht mehr. Per Zettel bat er ihn am neunten Tag um eine alte Zeitung, in äußerst bittvollem Ton. Der Nuntius ließ ihm daraufhin den vorvorletzten Misereor-Monatsbericht bringen.

Die Rache des Diktators folgte um drei Uhr nachts, als er seinen Stereocassettenrecorder auf Höchstlautstärke stellte und eine Chorpassage aus Verdis Don Carlos – die berühmte Autodafészene – alle Botschaftsangehörigen aus dem Schlaf riß. Dieser Schuß ging nach hinten los. Denn die Soldaten, die das Gelände umstellten, erfuhren auf diese Weise von der großen Leidenschaft des Diktators für Opernmusik. Findig wie alle, die endlich nach Hause wollen, besorgten sie riesige Lautsprecher (10 000 Watt) und hüllten die Botschaft Tag und Nacht in eine gewaltige Soundwolke aus Whitney Houston, Michael Jackson und anderen Chartsaffen.

Das gab dem tapferen Diktator den Rest. Am dreizehnten Tag verließ er mit erhobenen

Händen die Botschaft, und als er in den vergitterten Wagen stieg, der ihn zum Flughafen brachte, wirkte er noch befreiter als seine jubelnden Landsleute. Letztlich waren alle zufrieden. Der Vatikan übrigens hat den Siegern das Versprechen abgerungen, Ananas nicht zum Tod zu verurteilen. Dies wurde in der zivilisierten Welt mit Beifall aufgenommen. Der Prozeß läuft noch. Der Staatsanwalt hat 187 Jahre Haft beantragt, die Verteidiger geben sich aber zuversichtlich.

(1990)

Iason

I

Kalkweißer Chaplin, traumlos aufgebahrt, du hast die Lichter der City gelöscht. Singend zieht ein neuer Narr durchs Land, dessen Mantel an den Enden brennt.

Letzte Ruhe herrscht überm Wahnsee. Schatten schwappen an der Decke, bläulich, petrol, Gischt. Dort drüben liegt der andre und schläft, vielleicht täuscht er Schlaf nur vor, ich glaube nicht, daß es so uninteressant ist. Viel wird passieren in einem Moment. Ich bin ehrlich gespannt. Wahrscheinlich hat mich nur jemand aufgezogen, und das rasselt bald den Berg hinab. Es fehlt etwas. Schnell noch mehr Genuß, soviel, daß es zum Überdruß reicht, und man befreit über die Schwelle stolpern kann, wie besoffen, denn dies hier sind alkoholfreie Gräber ohne Würze. Unfeierlich stößt der Doppelsitzer vom Ufer ab.

Letzte Dinge gibt es kaum. Da, vom Strand her Gegröl, da feiert was und säuft, es ärgert und sticht. Wo man das Gas schon riechen kann!

Unbesiegt lungern Gespenster, und das Wellenrauschen hat die Böschung erklommen, stapft hinauf zum Haus. Lichter schwenken vorbei, hängen am Fensterglas und gaffen. Es geht vorüber.

Warum der andre sich umbringt, fragen Sie ihn am besten selbst, ich unterliege einer Schweigepflicht. Er schläft, die Sau. Sagt das nicht alles?

Musik. Daß man daran nicht gedacht hat! Fetzen reißen aus Sechzehntaktern! Bisher schmeckt der Tod nach nichts, gleitet nur trostlos schüchtern die Wände ab und auf, ein blinder Nachtwandler ist das, gesichtsloser Bote vom Stern aus Stein, somnambules Mauerblümchen. So tanzt die Braut? Müde, müde. Ein Minusgeschlecht. Ich treib's nicht gern mit Gleichgültigen. Alles scheint lächerlich mit einem Mal. Farblos, witzlos, freiwillig und schlapp, fernab wahrer Notwendigkeit. Dieser Moment des erhobenen Kopfes, des witternden Indianers, es ist wie Aufwachen am Kindermorgen, voll Neugier. Der andere hat es sich einfach gemacht.

Das Gas rauscht. Mit nur wenig Phantasie

kann man die Nationalhymne hören. Es strömt, es fließt. Nach wie vor zu Diensten. Wir haben uns eine dumme Art ausgesucht! Ich möchte jetzt ganz gern rauchen, nur eine Zigarette noch, die man ja jedem gönnt. Es ist schon zuviel Gas im Raum. Jetzt muß ich mich entscheiden, bald kippt der Kopf blöde weg. Ich hab' mich zu wenig im Leben entschlossen. Man stirbt darüber. Eine peinliche Situation.

Soll ich den anderen wecken? Ihm ist besser nicht zu helfen. Angenehmer wird er's nie loswerden. Dies ist sein Haus, sein Sarkophag. Er wird sich was gedacht haben dabei.

Das Gas greift die Lungen an und keine Musik da. Und ich renne, stürze, die Sterne schnuppen vorm Auge, ich habe tausend Wünsche frei, bin Iason, der Sucher. Das geht sicher in Ordnung. Nacht kleidet mich, sagt man. Nasse Kiesel streicheln das Gesicht. Zärtlicheres könnte man von ihnen kaum erwarten. Die Luft am Wahnsee ist so frisch nicht. Meine Zigarette dagegen schmeckt interessant wie die erste und gut wie die nach dem ersten Mädchen. Nun versteh ich die letzten Stunden nicht mehr, es werden auch erste sein. Zurück zu Maul und Bauch und Arsch, laß das Wesen der Verdauung auf mich heruntergrinsen, Bandwurm diesmal, keine Mahlzeit, Transitstrecke zur gloria mundi. Alles neu. Seien wir so nett und schließen die Haustür hinter uns. Wir wollen niemandem etwas verderben und keines Müden Schlaf je stören.

Ich hab ihn sehr geliebt, den andern. Glaubt es, oder nicht. Die Braut hängt weiß in den Fenstern und schreit, in der tintigen Nacht hockt sie und kaut. Jetzt hab ich keine Freunde mehr.

Montagmorgen im September. Spaß wär's, einen Fackelzug ins gedunsene Haus zu laden, mit scharfen Brandreden zum Sturm zu reizen, ins Haus, aufgeblasen vom Gas wie Denkmäler aus Luftballons, der böse Teil des Traums vom Fliegen. Von dieser Sekunde an will ich mehr Werbung für mich machen. Ruinös genug, zu solcher Uhrzeit, zähnefletschend, lässiglässig, keine Lamenti, opera seria, bin das Kind, unschuldiger Bastard der Scheintoten im Sarg geboren, wurde Querschädel am Zinkdeckel, dem Handlungsstränge wie Nasenblut über die Lippen laufen, mir bleiben Baritonarien.

Im Bus naß und schwer in den Sessel fallen und lachen übers hochnotpeinliche Halsgericht. Noch ein bißchen fadenrot ...

Ich lebe in Berlin und heiße Iason, ein geflügelter Momententschluß von breiter Tragfläche. Was vorher war, geht niemanden an, zwanzig Jahre wohlige Wüste, die häßlich war selbst unter Wüsten. Darin wollte ich nicht leben bis vorhin, als die Angst vom Vlies erzählte, das zu finden wäre irgendwo. Was meint sie damit? Bin ich ein Detektiv, oder was?

Der Bus wird langsamer. «Wand!» brüllt der Fahrer in sein Mikrofon. Zeit zum Aussteigen. Munter reihe ich mich unter die Schieber, mit begeistertem Grinsen rollen wir die fahrbare Wand den Zeitstrahl entlang. An unsre Stiefel sind Näpfe montiert, für ausgeschwitzte Seelen. Witze fallen. Man ist abgeklärt und dealt Gesprächsstoff. Manche halten sich Helden, andere einen Hund, ich trinke griechischen Wein voll Asche der di indigetes, stetiger Lichtpuls, sakrosankter Vollkontakt.

Nun ist die Hoffnung nie mehr Handschelle des Feindes. Auf die Wand kann man problemlos einen Film projizieren, dann schiebt sich das so leicht, man merkt es kaum. Es müßte ein neuer gedreht werden, sei's, weil die Kopie zu viele Risse hat. Ich bin auch gerissen und ich habe ungern Feinde.

Hoffnung ist was für Taubenzüchter. Von nun an muß es mehr sein und de mortuis nihil.

Ich steige auf jemandes Schultern, sitze auf der Wandkante und laß mich schieben. Proteste! Ich spring auf der anderen Seite runter und muß ganz schön laufen. Man glaubt gar nicht, welche Geschwindigkeit so eine Wand erreicht. Durch den Wald, schnell, doch still, keinen Zweig knacken lassen – es sind Gebeine. Erste Sonne umarmen, wenn sie in die Bäume bricht. Nur keinen falschen Rhythmus. Hängebauchhunde stolzieren auf den Trampelpfaden, an Leinen geführt trotten Rentner hinterher, lebendige Wegzehrung, unförmiges Pausenbrot. Sie werden weggezerrt, und ich sammle Holzfällergedenkbildchen. An jedem Pilz steht eines. Der Förster zeigt Nichtverständnis.

Iason kniet und murmelt Blut, verläßt den Wald, beschämt von seinem Mißerfolg hinkt er zum Herz der Stadt, das schwarz in die Trance des Frühnebels pumpt. Halbblind geht er seinen Weg, viel zuviel Gas im Kopf, hält sich für einen Vogel, mit kaffeeschwarzen Schwingen.

In pompöser Prozession tragen Müllmänner durch schnarchende Straßen voran den

Gestank der Woche. Geblähte Dächer wälzen sich und furzen feucht, aus den Gullys starren Augäpfel, zerren an den Gittern mit ausgefransten Wimpern.

Darunter rumort der Darm der Stadt, von dahin nach dorthin. Der Rotarsch der Stadt, wundgeschissen, man sieht ihn nicht. Manche glauben ihn zu kennen, anhand von Dreck und Bräune, aber er ist, wo Knochenmann und Langeweile Poker spielen. Das Maul kennt jeder, oder glaubt doch, sich dran zu erinnern, den Bauch die meisten, man sitzt darin und erzählt angstvoll vom Arsch. Ich war ganz nahe dran. Was ich durch die Spalte sah, reicht mir. Da war kein Licht.

Nur das Vlies kann mich retten, das goldene Vlies.

Es gibt wenig Anhaltspunkte. Im alten Rom, an der cloaca maxima, stand ein Tempel der Venus. Jene Göttin wurde aufgrund ihrer Lage Venus cloacina genannt.

Alles ist möglich. Ich besitze jetzt Möglichkeiten zuhauf, könnte jedweden erschießen, ohne meiner Karriere zu schaden.

Das Vlies kann irgendwo sein. Auch die Poesie ist einer Diaspora ausgesetzt und findet sich an unglaublichen Stellen. Man kann eigentlich kaum Fehler machen.

Angeberisch quietschen Hupen, quirlende Wolken umschleichen die Schornsteine, die schwarze Frau wartet, der Pfarrer verschläft, ein ungeheurer Skandal. Die schwarze Frau friert und wird älter. Sie klingelt und klopft. Niemand zu Hause. Sie schwingt ein Seil über den Glockenturm und zieht sich rauf, die Klöppel mit Füßen zu treten. «Hol das Gewehr!» befiehlt ein Vater dem Sohn, aber zu spät, Erz brummt, Smog zittert, Vorhänge blinzeln böse, Fenster spreizen sich und Tag wird ihnen reingerammt. Chaos bricht an. Alles verschwimmt...

II

Andern Einzelsitzern beim Schweigen zuzuhören kann schwerfallen, ich rauch so rum, geb Frieden der Asche und schreib auf jeden Bierfilz ein Vermächtnis. Ich hab gar nichts zu vermachen. Schnell hält man mich für einen Muffel. In den Stunden vor und nach Mitternacht, wenn in allen Kneipen Bündnisse geschlossen werden, zeig ich keine Koalitionsbereitschaft. Man will gegen mich vorgehen.

Ich dulde keine Näherung, egal welcher Sorte, lege monstrativ die Pistole auf den Tisch. Es ist eine sehr alte Pistole. Mein Großvater hat sie vergraben, als Hollywood übers Land kam. Sie war in Lumpen gepackt und trieft vor Öl. Keine Ahnung, ob sie überhaupt noch gebrauchsfähig ist. Ich will's auch gar nicht wissen, will nur mit deutlichem Vorsprung am Leben bleiben, um das Vlies zu finden. Eitel und gewagt, sicher, aber immerhin eine Beschäftigung. Ich bin mir noch keine Gewohnheit geworden. Jedes Muskelzucken ist ein Wunder. Liebe Städte, seid ruhig und laßt mich, ich mag euch mehr als ihr denkt. Wenn ihr auch zu mir ein wenig lieb seid, ist euch ein netter Bierfilz gewiß.

Die Insassen dieser Kaschemme … Dinge, die abwarten. Kalte Sonne, stumpfe Messer, Schnäbelhacken, Gruppenbröckeln, Abgeber. Ausgebootete Häfen. Poröse Monumente und ausgelassene Knochen, wenn ein Gönner seine Runde macht. Gewesenes betäuben und beschwören sie zugleich. Ihnen gehört die Gegenwart. Ein äußerst schmales Stück Zeit, ein Schwebebalkentanz. Sie keifen sonor, Geiferzungen sprühen meine Stirn naß, trickreich stiehlt man die Pistole, um triumphal auf mich abzudrücken. Jetzt weiß ich wenigstens, daß sie nicht mehr funktioniert.

Man schmeißt ihn aus der lähmenden Wärme der Bierkirchen. Die plötzliche Heiligkeit seines Auftrags hat ihn der Gehkraft beraubt. Er gleitet an den synthetischen Lichtern des Boulevards hinunter, pioniert das Pflaster, und fiese Nutten – die für Touristen – hauen ihm Absätze um die Ohren, daß es rauscht. Das Trickreich macht mobil, erkennt ihm die Staatsbürgerschaft ab. Er sieht viele Farben, vor allem grün und blau. Aber die Nacht könnte genausogut gelb sein. Überhaupt gibt es nichts, das nicht gelb sein könnte. Soviel zur Farbenlüge. Was Formen betrifft, so kennt auch die Sprache der Absätze beeindruckende Metrik. Unter allen Schuhen sind die der Touristennutten wahre Hexameter, klackadi klackadi klack. Und im Schimpfwort darauf saust's melodisch herab.

Iason würgt einen Baum aus der getopften Reihe, einen undekorierten Soldaten des Heeres der Bäume. Er öffnet auch Tankdeckel, zapft Benzin, legt Feuer an ein Tanzlokal, geht hinein und tanzt mit all den großen Augen, die im Rauch zu tränen beginnen. Gedrückte Stimmung kommt auf. Iason tanzt zur Musik der Schreie und Sirenen und – das ist fair – bleibt bis zum Schluß. Gelacktes Holz schmelzen sehn und Blasen werfen. Glühbirnen platzen, aus dem Stroboskop entsteigt ein Blitz, und das Licht des Feuers ist so dunkel. Eine breite flambierte Bar, nach den üblichen Riten geopfert. Zum Weinen schön. Er wird rührselig.

Später am Morgen sieht er einen Hund im Hinterhof, im Hinterkopf einer Schädelkaserne pissend stehn. Dann schlagen deutsche Schaufeln auf das Rauhhaar ein, bis es winselnd an den Tonnen liegt. Und die Schaufeln wippen im Takt des Schmerzes. Das rührt ihn gleich noch mal, beinahe zieht er die Schaufelträger zur Rechenschaft. Sie sind aber zu zweit, und nach Clausewitz darf man nur mit vierzigprozentiger Überlegenheit angreifen. Also kauft sich Iason wuchtige Stiefel, denn mit wuchtigen Stiefeln ist man zu dritt, und wo drei stehn in Iasons Namen, braucht man kaum noch Scheu zu hegen.

Selbst tote Ratten heb ich von der Straße, um nachzusehn, ob sich das Vlies drunter verbirgt.

Mein Appartement heißt Sophie. Die Klingel heißt Heidegger, die Schwelle Heraklit und die Tür Nietzsche, aber nur, wenn man von innen kommt. An den Wänden hängt nichts, sie heißen Hegel, Fichte, Schelling und Descartes. Das Spülbecken nennt sich Rousseau, der Fußboden Schopenhauer, der Tisch Epikur, das Bett Hedon. Ich besitze einen Fernseher namens Protagoras, eine Kochplatte Gorgias und ein Scheißhaus, das heißt Platon.

Das brauch ich alles nicht mehr, es soll brennen und brennen. Kurz bevor ich Sophie verlasse, läutet Freud, das Telefon. Jemand will wissen, was das sei, das Vlies? Ich weiß es ja nicht. Jemand fragt weiter, was es damals denn gewesen wäre. Ich sage, ein goldenes Stück Fell, und jemand ruft: «Eine reiche Möse ist gemeint, ganz klar!» Ich antworte, daß die Dinge nicht so einfach liegen, wie das Jahrhundert mal gedacht hat. Danach wird der Qualm zu stark, und ich muß Schluß machen, sage, ich hätte was auf dem Feuer, und lege auf und renne raus.

Im Traum der Argonautenzug durch Stadtkanäle, eng, grau und voller Kacke, da stampfen sie, geordnet in zwei Reihen (links Bibelschreiber, rechts Bibelleser) und die Hand am Plastikschwert. Sie schlüpfen in ein Windhöschen mit viel Geziefer, und die Krieger tragen Kerze statt Hirn, zittrige Lichter gehen auf und ab, und «Kommt!» ruft eine Kerze, «wir sind zu lange hier, wir gehen aus!» Auch ich such Amüsement, nichts sonst. Gloriole trag ich nur am Frühlingsanfang.

Berlin ist verrostet und scharf und ich ein Findelfleisch. Die Stadt hat sich in mich gekeilt und kettet mich. Hier ist nichts zu retten, außer der Sprache, die überall zu retten wäre. Dort summt die letzte Biene des Sommers. Ich nenne sie Summsumm. Ha! schreien die Dudenluden, und wie nennen wir die Wespen? He? Wespen sind eine politische Erfindung, glaubt mir. Ach? Und die Fliegen? Was ist mit den Fliegen? Die nennen wir Bsss. Aber das wird Auslegungssache sein. Eines Tages find ich das wahre Abetsee. Deduktiv dahin.

Der ist komplett verrückt! schreien die Zweifler. Auf ihre Weise haben sie das Recht, so zu reden. Nur der Zweifel hält noch seine Ausgangsstellung inne.

Mitten im lasziv wühlenden Smog um zwei Uhr morgens tauchten Sterne auf und ich blieb stehen, um mir den Moment genau einzuprägen, wollte mich, wenn alt geworden, genau daran erinnern, bewußt, daß ich jung war damals und Möglichkeiten hatte und keine Ausflüchte nötig. Das fand ich wichtig.

III

In den Straßen lungern Propheten jeder Couleur auf der Gatter nach Jüngern. Manche haben ihre Ansichten in einem netten Sätzchen zusammengefaßt und Postkarten davon drucken lassen.

Iason ist an diesem Tag nicht zur Wand gekommen. Man wird ihm die Kündigung aussprechen, falls er kein Attest vorweisen kann. Dunkel erinnert er sich an seine zuletzt so heiße Sophie und hüpft zickzack durch den Müll, Leben zwischen Tränen – und Lachgas. Sophie stand immer offen und Gorgias erhitzte das Futter ohne Murren, und wenn es nun kalt wird, fehlt Hedon ihm doch sehr. Sein Denken wird steif, er sieht die Welt durchs Zielfernrohr.

Iason fliegt kreischend durch die Menge, die sich fett windet, Spektakel zu sehen. Wogende Straßen im schreiverdreckten Meer der klirren Stadt, Demonstration, Megaphone, Schockwirkung der Polizei in antiker Rüstung, Infanterieverband, geschlossen auf mich, wuchtig, zurennt, schon stürzt sich, Qualle, pulsierende Qualle, Stoßtruppentaktik, brutale Schweine, zweite Hundertschaft Mariendorf, knüppeln nieder was grinst, brüllend ein Haufen aus Schildern und Helmen und Beinen und Stöcken. Barrikaden aus bunten Pappkartons brennen, Autoreifen pumpen Rauch in den Himmel, ich schleppe mich hustend, spuckend in ein Gasthaus.

Nach einem schnellen Bier wird er angehalten, aufgehalten bei der Vliessuche. Man zapft ihm Personalien ab. Höflich verweist er darauf, als Argonaut Narrenfreiheit zu besitzen. «He, Jungs, ich hab hier einen Astronauten!» Alles lacht. Man gibt ihm seinen Paß zurück. Angewidert schmeißt er ihn fort. Drüber fliegen Steine weg, Wasser wird geworfen und Gaspatronen zuhauf. Es sind Kämpfer mit Feierabendanspruch. Zu denen will ich mich nicht gesellen. Die Luft atmet sich pelzig und bitter, die Abenddämmerung ist ein silbernes Meer aus Stanniol. Man wird von reflektierendem Schimmer auf Händen getragen, quer durch die niedrigen Schluchten. Wenn das Licht über die Kante kippt, gefriert der Bauch. Ich habe Hunger.

Ich habe auch Freunde. Sie scheinen froh, mich wiederzusehn. Ich erzähle von verlebten Tagen. Wenn man die Passanten fragt, ob sie das Vlies gesehen haben, sehen sie einen an, als hätten sie's, und man wolle es stehlen. Das kränkt mich. Meine Freunde sind verschreckt, raten mir ein Bad zu nehmen. Gut.

«Ich bin Iason», sag ich ihnen und «Wir sind die Jäger. Wir fällen das Leben und wärmen die Höhle!» Sie nehmen es wohlwollend zur Kenntnis. Sie haben einen immer gern, wenn man Neues bietet. Zufällig sammeln sie sich heut zu einer Feier.

Wenn du wissen willst, wie bedeutend du bist, leg dich in eine gefüllte Wanne, die Ohren unter Wasser, deinen Mund forme spitz, als wolltest du spucken und ahme tief im Kehlkopf ein Motorrad nach. Der Klang wird dich stark von dir überzeugen.

Eine Frau setzt sich an den Wannenrand, mit traurigem Gemüt, das man gleich streicheln möchte. Sie ist verliebt. Nicht in mich, sondern in den anderen. Ihre Knie glänzen vor Lust.

Sie fragt, ob ich ihn getroffen hätte, er habe so lang nichts von sich hören lassen.

Ich sage, der andere habe sich zurückgezogen und eine Würmerzucht gegründet, alle mitteleuropäischen Sorten, den ganzen Tag sei er mit ihrer Fütterung beschäftigt.

Sie schüttelt amüsiert den Kopf. Ich küsse

ihren Oberschenkel. Sie tätschelt mir über die Stirn und empfiehlt sich, zurück zur Party. Es gibt viel zu trinken.

Ich spiele Kaktus auf dem Balkon. Ihr könnt mich alle. Sie wundern sich und fragen, bedrängen mich, stupfen, stichlen, warum Sophie verbrannt sei, ob ich überhaupt davon wisse, ob ich vielleicht auf Urlaub gewesen sei und so weiter, ich entkomme aufs Schindeldach, der Mond hockt über den Schloten und stiert in beschlagene Fenster, das Grauen schüttelt mich, wenn ich an den anderen denke, die Silben liegen brach und finden nicht zueinander, leere Vulkane und die Sprachlosigkeit von Löchern. Ich schlage mit der Flasche ein Kreuz und lasse sie fallen. Wohlklang. Sie stehen alle unten auf dem Gehsteig und winken herauf, sagen, daß ich mich verändert hätte. Das wenigstens haben sie bemerkt. Ein grausamer Lachanfall stochert in mir. Ich habe diesen Sommer soviele Mücken erschlagen, jetzt wird's mir zurückgezahlt. Über den Dachern glänzt der dunkle Mythos der Argonauten, ein Schein, blutsgetropft auf heißen Grabstein der Weisen, Selene, Nacht und Mondgebet. Ich decke das Dach ab, werfe mit Schindeln um mich, das ist nicht nett, sicher, es tut mir auch leid. Ich bitte vielmals, vielmals, ich weiß wirklich nicht, ihr seid doch meine Freunde, ich kenne eure Einzelheiten und hab euch meistens lieb, warum tragt ihr Medusenköpfe? Ist Höllenkarneval? Es war so furchtbar und ihr habt mir doch geholfen, warum also will ich euch mit Schindeln treffen, die keinen natürlichen Feind außer dem Regen kannten, warum sollt ihr Fratzen aus Narben und Zorn tragen? Es tut mir sehr leid, mehr ist da nicht zu sagen.

All die Hände, die beruhigend fassen, mit Rosenstacheln ihm das Herz massieren, ein letzter Ruhmeskranz aus Stacheldraht, und Schlangen schnüren sich ins Fleisch, der Boden schwankt, ein Film verschmort gelb und braun. Rauchende Geysire, warmer Dampf, Dorngestrüpp sie tragen mich, tragen mich voran auf ihren beruhigenden Händen. Mögen Millionen Meteoriten vom Planeten der Scheiße herunterkrachen auf diese Gemeinde. Es sind keine Königshöfe mehr, der Narr gehört ins Narrenhaus. Dort gibt's gepolsterte Gräber, schwarz und weich, der Schmetterling taumelt über dem glühenden Grill.

Es tut mir so leid alles, wirklich, unwirklich, sei es wie auch immer.

Rhythmik des Widerhalls der Fragen. Die Saugnäpfe kleben gleich Blutegeln auf meiner Haut. Im Fenster kämpfen Nacht und Schnee ein kompliziertes Spiel. Anfangs war diese Jacke demütigend, nun macht sie Spaß, beweist meine Gefährlichkeit. Ich will nicht gefährlich sein, will aber gefährlich sein können, nichts Besonderes. Wenn es mich wo juckt, dann ist es grausam, kein Kratzen möglich, man versucht sich irgendwie abzulenken und wird sehr anspruchslos, was Ablenkung betrifft. Eine Schneeflocke genügt. Ha! schreien da wieder einige, was will er denn? Ist eine Schneeflocke doch Wunder genug und schön und architektonisch gewaltig und ihr Schmelzen am Fensterglas eine Tragödie gar Sophokleischen Ausmaßes!

Die spinnen alle, jetzt weiß ich's endlich mit Gewißheit. Sicher gibt es Dinge genug, die mehr Aufmerksamkeit verdient hätten, aber man kann auch übertreiben, Poetaster! Nun, in der Not betrachtet Iason Schneeflokken, er wird Schnee dafür den Rest seines Lebens hassen, das ist gerecht. Sein Gehirn ist ziemlich kräftig im Filtern von Störgeräuschen, er hört nicht mal mehr die Schreie.

Ich habe den letzten Rest Herbst verschlafen. Es muß November sein. Alle Schatten werden so hell. Die Ärzte schimpfen mich aus wie ein ungezogenes Kind. Ich war niemals ein Kind, kann mich einfach nicht daran erinnern. Als ich klein war, war ich ein Liliputaner, das ist alles. Man hat mich schließlich in ein Bett mit weißer, sauberer Decke verfrachtet, dort lieg ich neben Sabberern, und oben ist noch eine weiße Decke, die Decken sind wie alles Gleichartige einander zugewandt, in heftigem Flirt, sie kommen sich näher Tag zu Tag und wollen sich vereinigen. Das wird eng werden. Die Ärzte suchen meine Ösen und werden nicht fündig. Sie sind unglaublich inkompetent. Für ein Glas griechischen Weins würde ich drei Tage lang erzählen. Sie sind keine sehr praktischen Ärzte. Es wurmt sie gewaltig. Sie schmeicheln und drohen und spritzen mich taub. Das alles amüsiert mich. Was soll man sonst machen aus der widrigen Situation? Manchmal, wenn sie sich hineinsteigern, und alles geben, was sie gelernt haben, nicke ich zu einem ihrer Ausrufezeichen Beifall, dann schütteln sie den Kopf, und ich kann lachen, selten genug. Sie behaupten, ich hätte einige Freundesköpfe bös verschindelt.

Das ist bestimmt eine Lüge. Daran würde ich mich erinnern.

Der Tag hier bietet wenig Freuden. Ich muß diesen Ort verlassen, bald, es wird langweilig. Neben mir die Sabberer dösen hin im Notlicht, bis auf einen, der singt leise, tief und sanft, der wird Troubadour genannt. Seine Stimme klingt ausgebildet, er bevorzugt Fragmente schwieriger russischer Arien aus Opern der Jahrhundertwende. Manchmal kann ich ihm ein Stichwort geben, wie es weitergeht, aber darauf läßt er sich nicht ein und wechselt den Komponisten. Dargomischskij, Mussorgski, Rimski-Korsakoff, Borodin, Tschaikowsky, aber auch, man staune beim Hören, Cesar Cui, dessen Opern ja wirklich nicht auf Platte gepreßt werden. Eine davon heißt «Der Gefangene im Kaukasus» und paßt vom Titel gut hierher.

Ein anderer der Patienten (welches Wort ich verwende, weil es von lateinisch patiens = erduldend kommt, und wir hier wahrhaft sehr geduldig sind) wird Orange genannt, da er andauernd von Südfrüchten erzählt, wo sie wachsen und wieviel Sorten es gibt. Sein Name wird übrigens ‹Oranksche› ausgesprochen. Seine Erzählungen drehen sich meist um Orangen und Zitronen, selten um Mangos und Kiwis, man sagt, er käme von jenseits der deutschen Mauer und sei über dem exotischen Angebot verrückt geworden. Seither läßt er nur Eingebürgertes gelten und vertritt eine konservative Linie.

Mir ist das egal. Er soll da rumliegen und erzählen, was er will, zum Beispiel, daß eigentlich die Zitronen Amerika erobert hätten, weil ohne sie die Eroberer vom Skorbut zerfressen worden wären. Sehr richtig zweifellos, aber man weiß ja nicht, welche Taten das Volk der Guaven und Maracujas einst vollbringen wird oder schon vollbracht hat. Man sollte Oranksche schnellstens hier rauslassen und in ein deutsches Feuilleton plazieren, wo er sich zwar nicht geheilt, aber wohler fühlen dürfte.

Die meisten vom Rest tragen keine Namen, reden nichts, nehmen kaum wahr und stören niemanden. Wenn sie einmal auffallen wollen, können sie nur ins Bett kacken und die Umgebung mit ihrem Gestank drangsalieren. Man sagt oft leichtfertig, es sei überall das gleiche. Dies ist nicht leicht zu widerlegen.

Es wird viel gewixt. Die Nächte sind ein langes Stöhnen aus vielen Betten. Das erinnert mich an die Skilager, in denen ich als Liliputaner zwangsweise gewesen bin. Wenn der Troubadour sich befriedigt, singt er dazu die Liebesszene aus Boris Godunow, beide Partien in Baßlage, klingt seltsam, aber interessant, und kurz vor dem Orgasmus intoniert er die Hebungen hart. Wenn man im Narrenhaus zu denken beginnt, wird man schrecklich normal, das Wertesystem neigt sich der Bürgerlichkeit zu. Der Troubadour ist stark behaart und macht große braune Augen, und er wirft seinen Gesang gegen die Wand, als wär eine Geliebte dahinter eingemauert. Das ist alles Kino, das ich besitze, und ich möchte mich bei ihm gern revanchieren. Ich erzähle von Cui, Mussorgski und den anderen, aber er spricht nicht mit mir. Er spricht mit niemandem. Er singt bloß. Er ist der gröbste Künstler, dem ich bisher begegnet bin.

V

Einer ist bloß hier, weil man ihm verweigert, ein Ende zu setzen. Den behandeln sie, als wär er ein Massenselbstmörder, und Endsetzen Kapitalverbrechen. Angeschnallt und schweigend wartet er die nächste Gelegenheit ab. Das ist kein Leben, so als erwischter Tölpel. Sein Mund sucht Dinge zu erhaschen, an denen er sich verschlucken kann. Ich beobachte seit einigen Tagen, wie lang Zähne brauchen, um ein Kissen zu zerbeißen. Er will sich anscheinend mit Federn vollfressen.

Orankscheche erzählt Bananenwitze von drüben. Wir lachen wie die Irren. Seine Stimme ist das Staccato einer bronchitischen Orgel, wenn er von der Apfelsine seines Lebens spricht, rund und saftig, daß es spritzt, wenn man hineindrückt, die sich leicht und willig schälen läßt. Wenn es nicht zuviel verlangt ist, sagt er, soll sie Blutorange sein, aber ohne Kerne. Wenn der je hier rauskommt, wird er sowieso nur noch Auswahl unter Orangenhäuten haben.

In der Nacht preßt sich ein Schneesturm gegen das Gitter, der Hofgang wird entfallen. Iason wühlt in vergilbten Romanzen. Der Troubadour vermengt Gounods Cäcilienmesse mit einer Stelle aus dem Parsifal. Wahrscheinlich gibt es nirgendwo größere Wünsche als Klavierbegleitung, Tod und Ejakulation. Dennoch.

Ich habe die Macht, weil ich mich riskiere. Habe mich auf Schwarz gesetzt, und die Kugel rollt über mich hinweg. Am Morgen ist

der Selbstmörder überraschend weit fortge-
schritten. Er liegt epileptisch verkrümmt, mit
raushängender Zunge. Das Kissen ist voll Er-
brochenem, doch er hat es nicht zerbeißen
können. Jemand muß ihm geholfen haben.
Der kräftigste der Pfleger nimmt seinen dür-
ren Körper auf die Schulter und geht ab. Es
ist grad keine Tragbahre frei.

Ich habe mich aufgeschlossen und rede mit
den Ärzten betont vernünftig. Mir ist jedes
Mittel recht, diesen Ort zu verlassen. Die
Ärzte wollen meine Vernunft nicht, noch
lange nicht. In ihren Gesichtern spiegelt sich
Peinlichkeit, wie wenn man einem Kind zu-
hört, das Floskeln Erwachsener gebraucht.
Erst wollen sie mir einen Schüsselsprung
nachweisen, danach den Heilungsprozeß
einleiten, aber langsam, ganz langsam, durch
alle Instanzen.

Und wieder Nacht, das gedämpfte grüne
Licht im Saal und die weißen Raupen, die
sich in ihren Bettkästen grunzend herumwer-
fen. Der Raum ist gut geheizt, die trockene
Luft schadet den Stimmbändern des Trouba-
dours sehr. Er verstummt. Es ist ganz still.
Der Wärter auf dem Stuhl neben der Tür läßt
seine Zeitung fallen, und sein Kopf sinkt
schnarchend auf die Brust.

Man muß es probieren. Ich schleich an ihm vorbei. Oh, wenn man mich erwischt, wird man dreinschlagen, bis nichts mehr von mir davonrennen kann. Und wenn ich hierbleibe, wird das Vlies sich mit einem anderen gaudieren und verbraucht sein, bis ich komm.

Die Gerüche von Desinfektion und lauwarmem Tee mischen sich auf dem Gang. Schritte von dort und Schritte von da. Es ist kein Ausweg zu sehn. Die Tür zur Wäscherei steht offen, dort verberge ich mich unter Laken und Putzlumpen und bleibe eine Zeitlang einfach nur verborgen sitzen, die Kniee zittern, wie seit der Kindheit nicht mehr. Es gibt in der Wäscherei einen Lastenaufzug, gebaut für fünfzig Kilo. Ich weiß nicht, wo der hinführt. Man muß es probieren. Ich zwänge mich rein, und das Brett saust runter in einen Kellerraum, spuckt mich zwischen Gebirge aus weißer Wäsche in Klarsichthüllen.

Die Stahltür des Raums ist verschlossen, aber ein Gitterchen vom Lüftungssystem deutet geradewegs in eine große Höhle. Das Gitter ist schnell rausgerissen. Nun müßte ein Hammer her, um das Loch zu verbreitern. In dem ganzen Raum gibt es kein Werkzeug, nicht mal einen Schraubenzieher, nicht mal eine Kuchengabel. Halbe Stunden vergehen, zwei, drei, vielleicht vier ... Dann trete ich, aus Ohnmacht und Verzweiflung, mit Füßen gegen den Rand des Lochs. Putz bröckelt. Das alte Backsteingemäuer ist morsch. Ich plaziere mich vor das Loch und trete im Liegen, lange, lange.

Der Knöchel hüpft bald aus dem Gelenk, wilde Schmerzen jagen bis zur Hüfte hinauf, und der Staub macht Husten. Mit links tritt es sich schwer. Man muß es probieren. Schließlich fällt ein größeres Stück aus der Mauer. Und noch eins. Auch mit den Krallen arbeite ich und mit den Scherben einer Putzmittelflasche, die sich zwischen den Wäschebergen fand.

Es ist noch so eng, das reißt mir Haut von Schultern und Beinen. Blutend landet das meiste von mir in der Tiefgarage. Ein paar der Wagen sind unverschlossen, jetzt ist es einfach. Ich schließe einen Ford kurz und fahre an, hinaus in den dunkelgrauen Morgen. Man muß es probieren.

Neben dem Pförtnerhäuschen legt sich ein rotweißer Schlagbaum quer, der zersplittert zum Glück aus Holz, die Windschutzscheibe bekommt Freudensprünge, und ich weiß das süßeste Wort des Deutschen: DRAUSSEN!

Ab in die Kurven Richtung Wahnsee. Im

Radio wird gesagt, es sei Sonntag und beim Gongschlag schon wieder etwas. Es ist schrecklich kalt, ich hätte vielleicht eine Zwangsjacke mitnehmen sollen aus der Wäscherei, besser als nichts.

Der Stirnschweiß vereist. Träume glühen auf, von einem sonnigen Palast neben Laubbäumen, mit Mücken und Bächen und langen Tischen und einem Gedeck aus unbekannten Delikatessen.

Man muß es probieren.

VI

Iason versteckt den Ford im Wald, watet barfuß durch eisigen Schlamm, über frischen Schnee und gefrorene Wurzeln. Endlich am Haus, muß er warten, in der Kälte stehen, stundenlang lüften. Zitternd steht er unter dem Türbogen und winkt das Gas an sich vorbei, gleicht einem alten Araber, der beiläufig Fliegen verscheucht.

Gegen Mittag begrüßt er das geschwollene Gesicht seines Freundes. Es sieht beleidigend aus. So wird es auch gemeint sein. Ein stummes Warten folgt, eingehüllt in Decken und furchtbare Angst.

Dann nimmt er Besitz von dem Haus. Nachts fährt er mit dem Ruderboot hinaus und versenkt den Gestank im See, beschwert mit der Onyxplatte eines ebenso schönen wie zum Spiel nicht geeigneten Schachtisches. Der wird Porto genug sein für den Brief an den Grund.

Dann nimmt das Haus von ihm Besitz. Fieber flackert auf, ein Funkenprassel und Glocken aus Dünnblech. Das Haus hat gewartet, die ganze Zeit. Es stülpt sich über mich und klebt in meinen Haaren, geschmolzenes Plastik. Ich versuche, so unnahbar wie möglich dreinzusehn.

He, ihr blassen Tanzwolken da draußen, tanzt für mich! Hebt die Röcke! Hier sind nur die Farben, die in leeren Kirchen romanischer Bauart wohnen.

VII

Mit Lider durchbrechenden Lichtwellen strandet der letzte Traum und schnappt nach Luft. (Es waren lauter Fischträume, Korallen, Quallen, schnelles Geschwimm und ähnliches.) Da ich kaum aus neuen Schenkeln geglitscht bin, ist es wohl überstanden. Es bleibt Klebstoff am Körper, Würggeschmack im Mund und jene fahlen, verwaschenen Farben ringsum. Weit weg ein Schallmauerbruch. Ich schleudere die naßgeschwitzten Laken fort.

Allein, in einem großen Haus (zwei Stockwerke, sieben Zimmer) kann man sich auf vielfältige Art unterhalten. Zuerst durchsuche ich alle Schubladen und Schränke, denn erstens stehe ich dem Haus noch feindlich gegenüber, will seine Geheimnisse und Inhalte erfahren, und zweitens – ja, das Vlies könnte auch hier sein – auf dem Dachboden vielleicht, vor Jahrzehnten achtlos abgelegt.

In so einem Haus gibt es wirklich sehr viel, aber das meiste ist privater Natur. Ich habe Briefe gefunden, die ich dem anderen schrieb. Der Stil hat mich sehr amüsiert, ich konnte nicht glauben, daß ich das gewesen bin.

Im Keller stehen Regale voll Wein. Es sind auch teure Zigarren da und einig Konserven. Das Telefon ist tot, schade, ich würde gern mit jemandem reden. Es gibt Musikinstrumente in diesem Haus. Es gibt einen Billardtisch und sonstige Beschäftigung. Nach Vlies sieht es nicht aus, aber ich bin noch zu müde fortzugehn.

Am nächsten Tag klingelt jemand. Es ist eine Frau, die fragt, ob der andere da ist.

Nein, sage ich, da ist er nicht.

Sie will auf ihn warten. Ich sage, das hat keinen Sinn, da kann sie lang warten, aber es stört mich nicht, wenn sie hier wartet, denn ihr Anblick ist angenehm. Sie bedankt sich artig, und schwarz spülen ihre Haare um die Säule ihres Halses, und Namen bedeuten nichts, Namen sind belastend, sie ist Medea, das ist bedeutend, und ich erhasche ihre Hand.

«Das Haus gehört jetzt mir», erkläre ich.

«Du meinst, er wohnt gar nicht mehr hier?»

«Genau. Willst du mein Gast sein? Ich habe Wein genug.»

Sie willigt ein, ihre Zunge zischelt lustig, grüne Augen zwinkern. Der Blitz grellt mir ins Hirn. Ich werde forsch. Das geht zu weit. Sie flieht.

Ich weiß, irgendwann kommt sie wieder, dann, wenn ich sie nicht mehr brauchen kann.

Ich habe auch Geld gefunden zuhauf. Das ist gut, denn abends klingeln Polizisten, und ich muß durch den Garten abhaun. Die wollen mich zu meinem Vlies zwingen, wie?

VIII

Ein Mann zieht eine Pistole und putzt sie, auf offener Straße. Das ist wohl seine Art, etwas anzudeuten. Berlin ist voll von solchen Leuten.

Ich werfe Seitensprungblicke auf alle schönen Mädchen und seh mir auch die Verrückten an und die Säufer, die frierenden. Einer von ihnen flüstert: «Nur nicht das Schnaufen vergessen, nur nicht das Schnaufen vergessen, nur nicht ...» Es beeindruckt, wie sehr die Leute an sich hängen, wie schwere Gewichte.

Zuerst bin ich ins Zwölfstundenkino, Bilder flimmerten da bunt, und die Sessel waren aus rotem Plüsch, und ich glaubte, wenn man die aufschneidet, quillt Fleisch heraus, Eisbein, was sonst?

Ich würde die Stadt so gern verlassen. Es gibt da Möglichkeiten. Wenn man sich ein schwülstiges Abendessen leisten kann, wenn also der Beutel voll ist und froh klimpert, gibt es durchaus Möglichkeiten.

In Kreuzberg sitzt mein Privatkontakt zur Unterwelt, ein alter Bekannter, mit dem ich im ganzen Leben nur Belangloses geredet habe. Das zerstörte Viertel schwemmt die Nüchter in den Kopf, die herbe Kälte, Wüstenzirkus. Er haust bei einem alten, gegerbten Türken, dessen fetter, glatzköpfiger Sohn im Hof Autos repariert. Er lacht, als er mich sieht, Nickel nennt man ihn, wegen der in seinen Kreisen unüblichen Brille. Er bittet mich in eine kleine, helle Küche, voll grüner schlanker Flaschen schlechten Bieres. Der Winter ist mild geworden, der Schnee geschmolzen, vor dem Fenster glotzen mich seifige Pfützen an wie Gallertaugen, die nichts mehr sehen, nur noch sagen.

«Was willst du denn?» fragt er, während die fette Frau des fetten Automechanikers beginnt, Geschirr zu spülen.

«Ich brauche einen Paß.»

«Ja? Hätt' ich nicht gedacht, daß es mal soweit mit dir kommt.»

«Ich muß hier weg.»

«Hast Geld?»

«Ja.»

Nickel verlangt fünftausend. Soviel ist es, und für eine Flugkarte wird es auch noch reichen, vielleicht nach Pinara in Lykien, wo das Gebirge voller Löcher ist, eingehauene Gräber, das könnten meine Spielhöhlen wer-

den. Er sagt, ich könne hier warten auf den
Paß, und bietet ein brauntöniges Zimmer an,
mit Blick auf den Sumpf.

Das fette Paar hat eine dünne Tochter, die
sitzt über Büchern, und der Mechaniker hat
es nicht gern, wenn man durch ihre Türe
sieht. Sie ist ein hingehauchtes Aquarell von
indianischer Schönheit und wurde bestimmt
nicht weit von Kolchis geboren. Sie taugt viel
eher zu Medea als diese Schnepfe, die mir die
Bullen auf das Haus gehetzt hat.

Nickel sagt, ich solle mich da raushalten,
der Mechaniker sei ein Henker, wenn es um
seine Tochter ginge. Tja …

In der Nacht träume ich, durch riesige, un-
gebrochene Wälder Skandinaviens zu laufen,
bis ich an einen kreisrunden See komme,
spiegelglatt gefroren, ganz klar, und ich
gleite über das Eis, bis ein Bild mich stillstellt.
Zwei Meter unter dem Eis liegt ein Mädchen,
mit ausgebreiteten Armen, nackt, und ihr
langes Haar strömt steif. Grauenhaft. Und da
ist ein Haus am See, ich kenne es gut, das
Dunkel walzt den See zum Meer aus und frißt
die Wälder, das Eis schmilzt, der Boden
rutscht fort, und ich tauche hinab, den Körper jenes Mädchens suchend, seh ihn
schwimmen, Ballett einer verspülten Nixe,

dann kommt die Welle, ungeheuer, meterhoch, schleudert mich gegen die Stellwand, die ein hundsgemeiner Gott vor mir aufklappt.

Dann erwache ich, das Zimmer kreist aus, pendelt mich ein. Nickel, mit immergrünen schlanken Flaschen, versucht zu erheitern und rezitiert aus seinen ungesetzlichen Werken.

Ich überlege zartbitterböse Worte, mich auf meinem Grabstein zu beschweren, aber feste, feste in die Erde pressen, will nicht zurück, wenn ich erst mal dort bin. Deshalb hab ich's auch nicht so eilig mit dem Hier. Dumpfes Fensterstarren, Warten auf den Paß.

IX

Diese junge Türkin, die nagt an mir. Ein stummlächelndes, großäugiges Käfigtier antiquierter Anmut. Die Langeweile spießrutet mich fürchterlich. Meine Phantasie stiebt wie ein wildgewordenes Pferd davon und schleift den Körper hinterher, durch Müllstreu, Kaldaunenschlamm und andere Sauereien.

Kreuzberg ist vom Fenster aus sehr idyllisch. Draußen streichen alte Nutten rum, mit Zahnlücken, Frauen, die vor dreißig Jahren in den Charts waren, deren Preise nur noch knapp über denen der Juke-Boxen liegen. Straßengangs ziehen, mit Recordermusik und harmonischen Schritten, kann sein, sie schlagen dir den Schädel auf und fressen die Fliegen heraus. Nachts brennen Feuer hinter den glaslosen Löchern der aufgegebenen Häuser. Was die Besetzer nicht besetzen, bleibt den Pennern. Es ist besser, an Medea zu denken. Da entgleist der Blick sofort ins träumliche Sehen, drückt den roten Knopf auf der Stirn, Schleudersitz der Vorstellung. Den Babydämonen bin ich Ausbildungsgerät.

Ich habe versucht, Medea zu sprechen, auf dem Flur, in der Küche, sogar, wenn sie zur Toilette ging. Jedesmal lungerten die wachen Augen ihrer Mama irgendwo. Nachts bleibt nur das Fenster, einziges Kino, dunkles Theater, niemand singt, niemand klatscht, ein paar Feuer bei den Kulissen und manchmal Schreie. Hinter der Wüste ist der Wald und dahinter die Hinterwäldler, und dann kommt der Mythos.

Medea trägt ein Kleid aus tausend Schmetterlingen, ich bin so verliebt … Außer ihr ist hier doch nichts mehr eine Beschreibung wert; alles das stirbt. Der Arzt wendet sich ab und sagt zum Priester: «Du bist dran!»

Medea dagegen, Sehnsucht in Person, sie tüncht ihre Vergänglichkeit hinreißend! Käme jemand und sagte, dieses Mädchen sei in hundert Jahren knochenbleich, ich würde ihm ins Gesicht schlagen, als beleidige er die Erde selbst. Mirakel menschlichen Bedürfnisses dulden keine Zeitlichkeit. Seit heute bin ich demgemäß unsterblich.

Das Problem des Mythos, wie gesagt, ist, daß er (einzig praktikable Wahrschaft) fernab vom Geschwätz der Städte liegt, und man sich in eine verheerende Naivität stürzen muß, ihm nah zu kommen und nicht als steuerloser Abklatsch durch die Straßen zu trudeln. Ich glaube, daß ich nichts glaube, Schierlingssäuferdrecksau, und ich weiß, daß du nichts wußtest, du Christus für Gebildete! Man hat sich ja so oft auf die Liebe geeinigt, wenn man zu feig war. Je denn.

Iason läuft in Medeas Zimmer, dem Mythos auf die Bocksprünge zu helfen. Sie bleibt still, sie sagt kein Wort, richtet sich auf und

umarmt ihn. Na, das ist es doch, das hat
Iason doch kaum glauben wollen. Der Mythos aber behält immer recht.

X

Der Paß ist fertig und sieht akzeptabel aus.
Ich bitte um eine weitere Nacht der Bleibe,
das gewährt man, und ich beschließe, mit
Medea zu reden. Wir haben einander be-
schlafen, aber geredet wurde fast nichts. Es
war wie im Traum. Sie muß ja mit mir gehen
und bei der Vliesjagd helfen.

Die Körpersprache ist oft ein Totschwei-
gen, und das ist gut, doch muß auch ein Vertrag verhandelt werden, wenn es um das Äußerste geht, das Vlies zu finden, jenes, was
wir auf Erden verloren haben, vielleicht
nichts, aber das wäre kurz gedacht und über-
aus masochistisch.

Und während wir gerade zu den Einzelheiten übergehn (Kindersaft fließt aus ihrer
weichen Orientscham), stürmt der Automechaniker das Zimmer. Gibt es auf Erden
Häßlicheres als Automechaniker, vor allem,
wenn sie brüllen und ein Messer in der Hand

halten? Kaum. Der Henker fuchtelt vor meinem Gesicht. Pah! Iason erspäht einen Brieföffner. Dies dumme Paket will er öffnen, lustige Botschaft wird es enthalten. Jetzt stehen auch Nickel und die feiste Mutter in der Tür. Zuschauer sind leicht zu haben. Das allein ist nichts wert.

Nickel zum Beispiel, der ist einer der Menschen, die manchmal Gutes tun, ohne genau zu wissen, warum. Er hält dem Henker die Arme auf den Rücken. Medea, komm, jetzt ist es Zeit, ohne Rückblick. Lauf mit mir, durch Bunker und Trümmer, voran. Das Vlies wird sich finden. Das ist sicher. Nickel scheint am Ende seiner Kraft. Augenblicke bleiben, vorbeizurennen und zu lachen, Blicke, in denen gewisse Sekunden sich spreizen und den Weg ins Innere der Zeit freilegen.

(1982)

Inhalt